LA
FRANQUICIA
EXITOSA

LA FRANQUICIA EXITOSA

LOS SISTEMAS ADMINISTRATIVOS NECESARIOS PARA APROVECHAR EL POTENCIAL DE SU FRANQUICIA

AICHA BASCARO

afa
PUBLISHING

La Franquicia Exitosa

Los sistemas administrativos necesarios para captar el potencial de su franquicia.

Publicado en 2019 en Atlanta, GA por AFA Publishing. www.AmericanFranchiseAcademy.com

ISBN: 978-1-7336886-0-4   paperback
ASIN: B07MDYMM17   eBook

Diseño de Portada e Interior: Chris Treccani
                                www.3dogcreative.net

Edición y Traducción: Mónica Bascaró
                                bascarotranslations@gmail.com

Foto de la autora: Jenn Reid

afa
PUBLISHING

A Phillip, por hacer las preguntas que me inspiraron a escribir este libro y por confiar en mí para guiarlos en la dirección correcta.

A mis hijos, Zoe, Ali y Avery, por ceder mucho de su tiempo con mamá a lo largo de mi carrera, lo que me permitió adquirir el conocimiento y experiencia para poder escribir este libro. Por ustedes mi vida está completa.

A mi esposo, Glenn, por apoyarme en mi sueño de escribir este libro y por darme la libertad de escoger lo correcto para nuestra familia y para mí. ¡Te amo!

ÍNDICE

xii | LA FRANQUICIA EXITOSA

PRÓLOGO

Hoy en día, al descender de un avión en cualquier aeropuerto del mundo y recorrer sus pasillos comerciales, pudiera parecer como una película que ya habíamos visto anteriormente, sin importar en qué lugar nos encontremos; nos percataríamos fácilmente de la presencia de las mismas tiendas y restaurantes que hemos visto en otros lugares; marcas que han hecho de su expansión un reflejo de un mundo globalizado, y si saliéramos a las calles de esa ciudad encontraríamos un número muy importante de cadenas locales que se han desarrollado favorablemente en un claro ejemplo del poder y las virtudes del modelo de franquicia.

Según datos del consejo mundial de franquicias (WFC) las franquicias en el mundo aportan más de 100 millones de empleos directos, contribuyendo con el 2.8% del PIB mundial, siendo el formato de desarrollo de negocios de mayor crecimiento en las últimas décadas, y una de las alternativas más atractivas para la expansión, sin importar la idiosincrasia ni la económica del país donde se encuentre.

En tiempos donde los intereses individuales parecieran sobreponerse a toda costa a los intereses comunes, La franquicia alza la mano, como el modelo de negocios más comunitario que existe. Donde bajo la filosofía de compartir el conocimiento y las experiencias de un camino recorrido, comercialmente exitoso, un tercero, no necesariamente con experiencia, pero si con sus propios talentos, capacidad de inversión y deseo emprendedor, sumando sus voluntades a un solo proyecto empresarial, bajo directrices establecidas, objetivos pactados y una marca que los uniforma. La franquicia ha sabido prevalecer en el tiempo por tratarse de un modelo de negocio que contribuye activamente en el desarrollo económico de los paises, como un generador directo de empleo y muy importante como un promotor de nuevos empresarios.

Ahora bien; asi como los efectos positivos de la franquicia son globales y están a la vista, también lo son aquellas debilidades, o, mejor dicho, áreas de oportunidad del sistema. Ya que si bien existe un esfuerzo muy direccionado por el franquiciante (quien desarrolla el negocio inicialmente) para transmitir junto con la licencia de marca, el entrenamiento técnico, los procedimientos, politicas y estándares para que el franquiciatario opere el negocio de la misma forma que las unidades propias del franquiciante, la realidad es que existe una parte en el contexto de cómo ser y actuar como "empresario y emprendedor", es decir el manejo financiero de la unidad, medición del punto de equilibrio, controles, indicadores y supervisión, contratación y desarrollo interno del personal, entre otras cosas, en lo que normalmente no se enfoca el franquiciante y que deja en la experiencia previa del franquiciatario, esta remota posibilidad. Siendo responsabilidad del propio franquiciatario desarrollar esas competencias por su parte. Lo cual normalmente no sucede así desde el inicio de sus operaciones, pudiendo resultar en un problema de bajo desempeño de la unidad en el futuro.

Si bien resulta un problema mucho más común de lo que pudiéramos pensar y sin importar el giro o tamaño de la franquicia, es una conclusión que muy pocas veces se comenta y mucho menos se aborda. Este hecho me lo hizo patente Aicha Bascaro, quien con una larga y exitosa trayectoria en el sector de alimentos y franquicias, en áreas operativas y de expansión, tanto corporativas, como en unidades propias y franquiciadas de marcas internacionales, y desde hace algunos años como consultora de negocios, aborda este tema, en su libro "the franchise Fix, " desde una visión practica y objetiva basada en su experiencia, y muy importante, con las estrategias y soluciones claves para compensar estas deficiencias. La claridad y practicidad de los conceptos son otra sorpresa favorable que se agradece. Sin duda una lectura obligada para todos los franquiciatarios y franquiciantes y un claro aporte y mejora al sistema de franquicias mundial para el futuro.

Diego Elizarrarás Cerda
Franquiciante de TC Todo de Carton / ZIP´N GO!
Expresidente - Asociación Mexicana de Franquicias (AMF)
Exsecretario General - Federación Iberoamericana de
Franquicias (FIAF)

INTRODUCCIÓN

"La mejor manera de predecir el futuro es crearlo".

–ABRAHAM LINCOLN

Sesenta por ciento de restaurantes fracasan en los primeros tres años de operaciones. Paul, un agente de bienes raíces, quien recientemente compró su primera franquicia de comida, leyó esta estadística en el internet y se desanimó. Él se tomó un momento para respirar y al expirar, pensó, "¡No tenia ni idea!" Él estaba investigando para encontrar respuesta a sus dudas. Él era un franquiciatario nuevo y sabía muy poco sobre la industria de la comida. El creyó que, si invertía en una franquicia de comida, no necesitaría descifrar cosas por sí mismo; que sería fácil. Que el franquiciante le daría todo lo que necesitaría para operar y ser exitoso. Después de todo, muchos lo estaban haciendo y se consideraba un hombre muy inteligente. ¿Qué tan difícil podría ser?

Ahora que Paul abrió su primer local, comenzaba a preguntarse si él había tomado la decisión correcta. Ser propietario y operar una franquicia no era todo lo que él había pensado que sería. Durante el tiempo en el que recibía la capacitación de la franquicia, se dió cuenta de que no estaba recibiendo todo lo que necesitaba para operar el negocio. Había muchas cosas que no estaban incluidas y cada vez que preguntaba sobre ellas, le indicaban, "Usted se hace cargo de eso por su cuenta". Él aprendió que el franquiciante solo proporciona las cosas que se relacionan directamente con la implementación de la imagen, el producto y el servicio de la marca, pero que no había ninguna guía en lo que respecta a actividades bancarias, manejo de personal o incluso de cómo hacer mercadeo local para la tienda.

Así que ahí estaba él, con problemas de rotación de personal y una tendencia descendiente en las ventas. Aun cuando él estaba corto de personal, su costo laboral era alto y sus costos de comida variaban cada mes. ¡Él necesitaba ayuda…rápido!

Paul estaba preocupado de que había cometido un error. "¡¿Qué estoy haciendo en una industria de la que no sé nada?!" Él fue un profesional en el negocio de bienes raíces durante 20 años. A él le había ido bien, era respetado y había recibido varios premios en esa industria. Él podía realizar transacciones de bienes raíces con los ojos cerrados y al mismo tiempo eso lo aburría, también era estresante. Él buscaba un lugar en dónde invertir sus ahorros, que fuera seguro y le permitiera incrementar su dinero y eventualmente retirarse confortablemente con su esposa. Allí fue cuando se le vino a la mente adquirir una franquicia. Después de llevar a cabo una investigación exhaustiva (pero obviamente insuficiente), escogió la marca en la que quería invertir. Él pensó era la respuesta a sus plegarias.

Pero después de meses de analizar su problema, mientras más investigaba, más dudas le surgían. Muchas de ellas eran de cómo implementar todas esas cosas en su franquicia de las que los artículos hablaban y aún lograr tener tiempo de dormir y comer. Mientras tanto, su nivel de estrés aumentaba y se le quitaba el sueño preocupándose por todo. Sufría la relación con su esposa e hijos debido a que estaba distraído e irritable. Él comenzó a darse cuenta de que necesitaba hacer algo antes de que las cosas se pusieran peor.

Un día, cuando Paul tomaba su café de la mañana, y antes de que todos los problemas le atormentaran, pensó en el sueño que había iniciado todo. Su meta era reducir su negocio de bienes raíces y, poco a poco, invertir más tiempo en su franquicia, eventualmente abrir una segunda, tercera y aún una cuarta ubicación, con un supervisor a cargo de ellas y que le informara del estado del negocio. Él podría entonces pasar más tiempo con su esposa, nunca faltar a ninguno de los juegos de béisbol de sus hijos, y aun ir de viaje de vez en cuando sin tener que preocuparse por el dinero, clientes o cuotas mensuales. De repente sus pensamientos los interrumpió una llamada de un cliente molesto, que resultó ser su primo, porque el dia anterior uno de los miembros de su equipo fue grosero con él en el restaurante.

Paul está muy lejos de estar solo en su dolor y preocupación. Yo, como una veterana de más de 25 años en la industria de franquicias, he visto esto demasiadas veces en muchas franquicias y dueños de restaurantes a quienes he visitado y con quienes he trabajado. Tantos que invirtieron en una franquicia con poca o ninguna experiencia, necesitando y queriendo tanta ayuda. En muchos casos, la "Solución" era sencilla: solo una mejor programación, un mejor control de fraude, un poco menos de desperdicio, o algo más de mercadeo. En otros casos, era mucho más complicado. La buena noticia es que aún hay muchas opciones para usted. Se requerirá compromiso, aprendizaje, implementación y seguimiento agresivo. Pero si usted hace esto, habrá una luz al final del túnel.

En este libro, usted aprenderá que el invertir en una franquicia puede ser una gran decisión, lo que puede y no puede esperar del franquiciante y, su rol y responsabilidades como franquiciatario.

Usted entenderá lo que requiere ser el tipo de líder que las personas buscan y cómo crear una cultura de la que usted pueda estar orgulloso. Usted también entenderá la importancia de tener a la gente *correcta* en los roles apropiados, los pasos para lograr esto y el valor de cuidar de ellos para que se queden con usted por un largo tiempo. Usted entenderá cómo el proporcionar las herramientas correctas puede tener un impacto en el estado de ánimo de sus empleados, eficiencia en el trabajo y en el resultado final de su negocio. Usted conocerá los números en los que se debe enfocar para ayudar a mover su franquicia en la dirección correcta. Usted aprenderá los puntos de control de ganancia de la **trinidad del negocio**™ que son las *Ventas, Costo de producto y Costo laboral*, y lo que usted necesita hacer para dominarlos. Usted también conocerá la cantidad apropiada de capital que necesita para mantener su sueño vivo y los sistemas que necesita implementar para asegurarse de que el dinero que ingrese llegue al banco. Y finalmente, usted entenderá cómo un plan de mercadeo le ayudará a obtener nuevos clientes—y hacer que sus clientes actuales vuelvan con mayor frecuencia.

Este libro es para cada "Paul" allá afuera que haya hecho una gran inversión en una franquicia con poco o ningún conocimiento, pero que tenga el compromiso y determinación de aprender, crecer, y hacer el trabajo necesario para asegurar que él/ella sea exitoso/a y hacer realidad sus sueños.

Si éste es usted, abróchese el cinturón y comencemos….

Capítulo 1

¿Qué es una franquicia?

"Para ser exitoso, usted tiene que tener el corazón
en su negocio y el negocio en su corazón".

—Thomas Watson Jr.

Cuando yo me gradué de la secundaria, soñé ser una diseñadora de modas y emprendedora, lo que hizo que yo tomara la decisión de ir a la universidad y tomar la licenciatura de Diseño de Modas y Mercadotecnia. Después de graduarme, abrí una pequeña boutique, un negocio que terminó siendo un fracaso doloroso y desalentador apenas un año después. Yo era joven y estaba estresada, decidí tomar el trabajo más sencillo posible donde pudiera ganar dinero y pagar mis cuentas. Así es como entré en la industria de franquicias, y mi primer trabajo como repartidora de pizza.

En aquel entonces, yo no sabía distinguir entre una marca y una franquicia – o entre una tienda corporativa o de franquicia. Todo lo que yo sabía era que me estaba divirtiendo y aprendiendo todas las cosas que yo debí haber sabido como dueña de un negocio. Tuve suerte de comenzar en una tienda corporativa donde los estados de pérdidas y ganancias eran compartidos abiertamente, y donde los procedimientos de capacitación se seguían con mucha disciplina. Yo observé como los asistentes se convertían en administradores generales - y ¡me entusiasmé!

Esto despertó mi curiosidad por aprender todo lo que mi Gerente General estuviera dispuesto a enseñarme, y eso eventualmente me llevó al programa de capacitación para Gerente. En un lapso de tres meses, yo era la Gerente General de mi primera tienda, lo que condujo a mi primera experiencia de cómo maximizar las ganancias en franquicias. La primera tienda estaba perdiendo dinero. En mi primer día como Gerente, mi supervisor se sentó conmigo y revisamos en forma conjunta los estados de pérdidas y ganancias de la tienda. Luego continuó enseñándome la fórmula de punto de equilibrio y lo que yo necesitaba hacer con las ventas, costo de producto y costo laboral para llegar a eso y tener ganancias. Trabajé extremadamente fuerte con mi muy pequeño equipo de trabajo, y al cabo de tres meses logramos una ganancia. ¡Fue increíble! Fui promovida rápidamente a una tienda más grande dónde el personal y volumen de ventas era un problema serio. Dilucidé como detener la fuga de recurso humano; seis meses después yo estaba a cargo de una de las tiendas en Dallas con mayor volumen. ¡Me encantaba! Para mí era como descifrar un rompecabezas. Una vez uno encuentra el problema, lo atacas con todo lo que sabes, y voila – ¡estaba resuelto! ¡Que divertido!

Alrededor de un año después, apliqué a un trabajo en la división internacional, y seis meses después, me convertí en especialista de capacitación internacional – parte del equipo de apertura para la primera tienda en España. Esa fue la siguiente fase de mi trayectoria en la administración de franquicias. Durante los siguientes tres años, tuve de tres a cuatro asignaciones por mes en diferentes países ya sea para abrir nuevos mercados o trabajar con franquiciatarios y sus equipos ya existentes para abordar y corregir diversos retos que surgieron en el negocio. Recibí tanto conocimiento como el que compartí en cada uno de esos trabajos – y eso se convirtió en los cimientos para el resto de mi carrera.

Desde entonces, he tenido muchos trabajos. He tenido la responsabilidad del desempeño financiero de regiones corporativas en organizaciones franquiciadas y no-franquiciadas. También he estado del lado de la franquicia, manejando mercados completos. He vivido en catorce países, apoyado a cientos de franquiciatarios en los Estados Unidos y alrededor del mundo, y pertenecido a niveles ejecutivos corporativos en cuatro marcas diferentes. Soy uno de esos extraños profesionales en el mundo de franquicias que han estado en el campo lado a lado con las personas en la línea de fuego y también a niveles corporativos altos, lo que me da una perspectiva única del negocio y de lo que es posible.

He disfrutado cada paso de mi aventura, y me siento honrada de que ahora, en este libro, puedo compartir mucho del conocimiento, herramientas y mejores prácticas que he adquirido a lo largo de los años de los mejores operadores en nuestro negocio en los Estados Unidos y el Mundo.

Una de las cosas que he aprendido en mi carrera es que algunas de las mayores frustraciones de los franquiciatarios vienen de las expectativas no llenadas de lo que recibirán de la marca. Por esta razón, considero importante que demos un vistazo rápido a la definición de una franquicia y una marca, y conocer lo que los franquiciatarios pueden y deben – y no deben – esperar de su franquiciante.

¿Qué es una franquicia?

Una franquicia es el derecho adquirido para duplicar una marca como su propio negocio para obtener ganancias, a cambio de una cuota inicial de franquicia y regalías. La expectativa es que su negocio será una réplica exacta del prototipo de la marca en cada aspecto que afecte la experiencia de los clientes. El objetivo es que el cliente no debe poder distinguir ninguna diferencia entre una franquicia y otra dentro de la misma marca. *Hay muy poca flexibilidad en esa área.* La integridad de esa duplicación es lo que asegura el éxito de esa marca, y por tanto, su franquicia.

Aunque es cierto que cuando usted adquiere una franquicia, usted pierde cualquier flexibilidad en la interpretación del producto, servicio e imagen de la marca, usted gana un modelo comprobado, usualmente con años de exitosa experiencia. Muchas ubicaciones ya fueron abiertas y operan de manera exitosa. El menú, servicio e imagen han sido acogidos por los clientes, y el modelo de negocio es viable y rentable para la marca (asumiendo que ellos tengan sus propias unidades) y franquiciatarios actuales.

Cuando usted adquiere una franquicia, también se esta uniendo a una marca que le proveerá apoyo continuo a través de su asesor asignado por la marca. Ésta persona será su enlace con la marca y la fuente de información, orientación, y apoyo operativo. Su marca/franquiciante también estará evaluando su franquicia para asegurarse de que usted esté operando de acuerdo a los estándares de la marca que usted acordó seguir al firmar el acuerdo de la franquicia.

La última cosa que usted está adquiriendo es la ventaja de ser parte de una red de franquiciatarios actuales bajo la misma marca con quienes usted podrá aprender y compartir mejores prácticas. Ellos serán una gran fuente de ideas y puntos de referencia para asegurarse de que está obteniendo los resultados apropiados de su negocio.

¿Cuáles son las cuotas de franquicia?

Generalmente hay tres clases diferentes de cuotas de franquicia: cuotas de desarrollo, de regalías y de fondos de mercadeo.

Las **Cuotas de desarrollo de franquicia** normalmente son las cuotas que usted paga para tener el derecho de abrir un nuevo local y pagará estas cuotas cada vez que usted abra uno. Si, cuando se acerca a una marca, usted ya se ha decidido a abrir múltiples ubicaciones, usted puede negociar una mayor (menor) cuota de franquiciatario. Solo asegúrese de cumplir con el acuerdo de crecimiento o usted puede encontrarse con multas elevadas o cuotas perdidas. Puede parecer que cuotas de franquicia bajas son una mejor opción, pero yo he descubierto que las cuotas que cobran los franquiciantes normalmente están directamente relacionadas con el factor de riesgo de la marca. Si usted investiga el índice de éxito para franquicias específicas, verá que mientras mejor sea el éxito y resultado de la marca, mayores serán las cuotas de franquicia y mejores sus oportunidades de éxito. Por tanto, nunca escoja una franquicia basado únicamente en cuotas de franquicia bajas, porque lo barato muchas veces sale caro.

Las **Cuotas de regalías** son las cuotas que usted paga como un porcentaje de sus ventas por el derecho continuo de operar su franquicia de la marca y recibir el apoyo continuo del franquiciante. Estas cuotas usualmente se pagan semanal o mensualmente, y están en el rango del 2 – 7% dependiendo de la marca.

Cuando usted adquiere una franquicia, también se compromete a pagar las **Cuotas de fondo de mercadeo.** Estas cuotas pueden estar en el rango de 0–4% de sus ventas, y representan el presupuesto que el franquiciante usa para financiar sus proyectos de mercadeo. Dependiendo del tamaño de la marca, ellos pueden tener promociones a nivel Nacional o Regional, las cuales ellos patrocinan con ese fondo. Si la marca es muy pequeña, puede que no cobren estas cuotas, pero eso también significa que ellos no tienen proyectos de mercadeo coordinado. Hablaremos de este apoyo con mayor detalle más adelante en el libro.

Tome nota que las cuotas de Regalías y de Fondos de Mercadeo se calculan en base a sus ventas totales. Usted tendrá que pagar estas cuotas, aunque usted no sea rentable. Tome esto en consideración cuando desarrolle el plan financiero de su negocio y esté tomando la decisión de comprar una franquicia.

¿Qué es una marca?

Una marca es mucho más que un logotipo, un nombre o el aspecto de un edificio. Una marca abarca todo lo que representa el negocio y producto, incluyendo su aspecto, su olor y la forma como le hace sentir.

Por ejemplo, si yo menciono la palabra Nike®, ¿qué es lo primero que le viene a la mente? ¿Será el logotipo? ¿Serán los zapatos tenis? ¿Serán los atletas quienes lo usaban, o talvez el sudor que recorre su cuello después de una dura rutina de ejercicios? Todo eso es la marca de Nike.

Hay millones de horas, muchos años y docenas – sino es que centenas – de personas involucradas en crear una marca. ¿Se puede imaginar cuántos millones de dólares se gastaron tratando de hacer que usted, el cliente, tenga un sentimiento determinado sobre una marca como Coca-Cola®?

Por eso es difícil describir de manera adecuada todo lo que una marca es, porque significa varias cosas para diferentes personas. Pero la mejor manera de describir una marca es cómo usted se siente cuando se menciona su nombre y sus expectativas de lo que la marca brindará. Por lo tanto, una marca es una promesa de consistencia. Porque cualquiera que sea la sensación del cliente acerca de la marca, ellos esperan tener exactamente la misma experiencia cada vez que se expongan a ella. Si no lo hacen, la confianza se pierde y el fracaso es inevitable.

Elementos de una marca

Una marca tiene varios elementos, incluyendo la imagen, el producto, el servicio y el proceso para brindar cada uno de esos elementos. Cada elemento de una marca es crítico para mantener la promesa de consistencia que se espera. El franquiciante proporciona el procedimiento de implementación para cada elemento, lo que se convierte en los sistemas de la marca.

Sistemas de la Marca = Imagen + Producto + Servicio + Mercadeo
(Experiencia de los clientes)   **Procedimientos**

Imagen

La imagen de una marca es más que un logotipo. Se trata de todos los elementos visuales; todo lo que usted ve e inmediatamente asocia con la marca. A continuación, los elementos principales de la imagen de una marca:

☐ *Nombre* – Muchos nombres de marcas evolucionan. Estos cambios ocurren mayormente porque el nombre no pudo mantener el paso con el transcurrir del tiempo o debido a que cambió lo que la compañía era como marca y por ende requirió un cambio en su nombre. Un ejemplo es Domino's Pizza, que ahora simplemente es Domino's®. Esto ha permitido a la compañía comunicar su expansión a emparedados, pastas, ensaladas, etc.

☐ *Logotipo* – La mayoría de las marcas más antiguas también han hecho varios cambios en sus logotipos. Continuando con Domino's como ejemplo, la idea original de la compañía era tener un punto en el logo del dominó por cada tienda que abriera. En aquel entonces, el fundador Tom Monaghan no se podía imaginar la idea de tener docenas de tiendas, y mucho menos las miles de tiendas que la compañía tiene hoy alrededor del mundo. A la fecha, el logo es simplemente el dominó original, con un punto en un lado y dos en el otro.

☐ *Edificio/comedor/mostrador* – El interior del edificio de una marca es una de esas cosas que se replica de ubicación en ubicación. Pequeños cambios se llevan a cabo en sitios que no se adaptan perfectamente al prototipo, pero la idea es que, al ingresar al local, se sienta exactamente igual que en cualquier otro local de la franquicia. Espere una inversión mandatoria en la actualización de la imagen cada cinco a diez años para mantener la marca fresca y actualizada.

☐ *Color/textura/decoración en las paredes* – Piense en su experiencia cuando usted entra a un restaurante Cracker Barrel®. ¿Puede imaginarse uno que no tenga esas viejas fotos y artefactos en las paredes? Simplemente no se sentiría como un Cracker Barrel.

☐ *Tablero de menú / menú de mano* – La fotografía, emplatado y combinacion de cómo los productos son presentados en los menús de mano y tableros de menú de autoservicio deben ser consistentes con las especificaciones de la marca.

☐ *Uniforme de los miembros del equipo* – Otro elemento crucial de la imagen de una marca es el uniforme de los miembros del equipo y el mensaje que transmite a los clientes. Por ejemplo, la idea detrás de Steak and Shake® de los años 50, o la imagen clásica del barista en Starbucks®, o la del joven conductor de entrega a domicilio de Domino's®. Hay mucha reflexión y estudio detrás del uniforme de los empleados.

☐ Hay algunos elementos de la imagen de una marca que pueden no ser intrínsecos a la marca pero que pueden dañar la reputación de la misma si no se tratan con cuidado. Algunos de esos elementos son los baños, áreas de basura y puertas traseras. Uno de los secretos detrás del éxito de la gasolinera/tienda de conveniencia Quick Trip® ha sido el compromiso de la compañía de tener los mejores y más limpios baños disponibles al público. Aquellos que conocen Quick Trip saben que, si andan en carretera y necesitan un baño, los baños de Quick Trip serán los más limpios y seguros en el área

La imagen de la marca es muy importante. Es la forma en la cual la marca es visualmente percibida por sus clientes. Mucho trabajo se le dedica a diario para asegurarse de que la imagen esté alineada con el mensaje que la compañía quiere que la marca comunique.

Producto (Menú)

Uno de los grandes beneficios de una franquicia, especialmente de comida, es que su menú o línea de productos esta predeterminado y usted tiene, y debería tener, muy poca flexibilidad. Y si usted no es un chef, como la mayoría de los franquiciatarios, esto debiera ser de gran alivio para usted. El crear un menú o línea de productos exitoso y comprobado es probablemente uno de los elementos más difíciles en un negocio, y cuando usted adquiere una franquicia, todo el trabajo ya fue hecho para usted.

Su menú tendrá varias categorías:

☐ *Clásicos de la marca* – Estos son los productos del menú que usted encontrará en todas las unidades de la franquicia en cualquier parte del mundo independientemente de la ubicación, cultura o condición económica. Sin estos productos, la marca no existe. Ejemplos de esto son el pollo picante de Popeye's® y el Big Mac de McDonald's®.

☐ *Productos opcionales del menú* – Estos son productos del menú que no están necesariamente presentes en todos los menús de las franquicias. Las franquicias tienen un listado limitado de estos productos probados y pueden decidir incluirlos o no en sus menús. La mayor parte del tiempo, la razón de que estas opciones existan, es para dar flexibilidad basándose en el tamaño de la ubicación y la habilidad de ejecutar un menú extenso debido a las restricciones de espacio.

☐ *Acompañamientos opcionales* – Estos son los productos que acompañan a los productos clasicos para completar los platos (gaseosas, arroz, papas fritas, ensaladas, etc). Algunos de estos productos pueden variar de una ubicación a otra, a menos que hayan pasado a ser parte del menú básico porque han sido bien acogidos por los clientes y ellos esperan tenerlos en toda ubicación.

☐ *De temporada* – Los productos de temporada son productos que pueden o no ser opcionales y llegan y se van de su menú dependiendo de la temporada. Los productos populares de temporada en el menú incluyen mariscos durante la Cuaresma, limonada en verano, y postres de canela en el invierno.

☐ *Adaptaciones al mercado* – Estos son los ítems del menú que pueden adaptarse de mercado a mercado y de país a país. Estas adaptaciones son necesarias porque, aun cuando las marcas prefieren ser exactamente las mismas, la realidad es que hay diferencias basadas en los gustos de preferencia de los diferentes mercados (ciudades) y especialmente, países. Un ejemplo de esto es la popularidad y expectativa de contar con té dulce al Sur de los Estados Unidos comparado con soda/gaseosa en el Medio Oeste.

☐ *Ofertas promocionales / por tiempo limitado (LTOs, por sus siglas en inglés)* – Solo porque su marca representa un producto de comida en particular no significa que nunca cambiará. Por el contrario, si la innovación de productos no es un elemento continuo e intrínseco de la marca, la marca morirá porque se volverá aburrida para los clientes y la frecuencia de visitas disminuirá. Las ofertas promocionales por tiempo limitado son la forma como las franquicias hacen que los clientes continúen llegando.

Estos son productos diseñados para que duren solo un corto período de tiempo, y si el cliente quiere probarlos, sabrán que le tendrán que visitar durante ese corto plazo. Este plazo puede ser de entre tres y seis semanas.

Canales de servicio

El servicio de la marca no es solo el medio mediante el cual las franquicias proveen productos, sino que también la actitud con la que lo hacen. Hay varios canales posibles, y su marca puede utilizar más de uno dependiendo de la ubicación que usted es capaz de obtener.

A continuación, describo los canales posibles para el servicio de comida. Comparto estos ya que soy experta en ellos. Puede comparar estos con los posibles en su industria:

☐ *Sólo mostrador* – Este es usualmente el servicio que se presta en áreas de comida de centros comerciales, kioscos y ubicaciones en aeropuertos.

☐ *Área de comedor* – Limitado por el número de mesas y sillas, este servicio puede ser para restaurantes que incluyen servicio de mesa (con meseros), o comida rápida con un comedor, pero sin servicio de mesa.

☐ *Para llevar* – Éste es cuando los clientes pueden ordenar con antelación u ordenar en el mostrador para llevar y comer en otro lugar. Muchas marcas de restaurantes están añadiendo este servicio y asignando espacios de parqueo para el uso exclusivo de clientes que eligen esta opción.

▢ *Autoservicio* – Históricamente limitado a comida rápida, un número creciente de restaurantes están añadiendo autoservicio a sus instalaciones y están cambiando sus menús y operaciones para acomodar este canal de servicio.

▢ *Entrega a domicilio* – En el pasado, éste era un canal reservado para pizza o comida china, sin embargo, debido a la naturaleza competitiva de la industria, más y más negocios están añadiendo este canal a su línea de servicio.

La forma en la que la marca provee su servicio también la hace única. Algunas marcas se han desviado de su camino para hacer que ésto les haga diferenciarse de otras marcas. Un ejemplo de esto es Chick-fil-A®, con su respuesta "Es un placer" a cada solicitud. O el "Bienvenidos a Moe's" que usted escucha cuando ingresa a Moe's Southwest Grill®. El manual de operaciones de su marca y los materiales de capacitación deben proporcionar una guía detallada sobre como ejecutar los canales de servicio y procedimientos de como sus empleados atienden a sus clientes.

Mercadeo

Para las marcas grandes, el franquiciante cobrará cuotas de fondo de mercadeo, y a cambio, el franquiciatario recibe apoyo de mercadeo nacional y/o área regional. A cambio de dichas cuotas, los franquiciatarios reciben beneficios por toda la investigación, planeamiento, desarrollo de producto, medio de contratación, materiales y capacitación de ejecución de las ofertas nacionales y Regionales.

El número de ventanas (semanas) que el fondo de mercadeo cubre dependerá de la cantidad de dinero que ellos recauden de sus franquicias. El tamaño de este fondo depende del porcentaje de ventas definido como cuota de fondo de mercadeo, el número de ubicaciones que tenga la marca, el volumen por ubicación y la cobertura nacional y regional de sus ubicaciones. Los medios de comunicación a nivel nacional y regional son muy costosos, pero también muy efectivos, debido a que usualmente involucran televisión y radio.

Las ofertas nacionales y regionales son las únicas en las que se requiere que los franquiciatarios honren el precio de venta al público en los Estados Unidos. De lo contrario, los franquiciatarios son libres de ponerle precio a su menú y ofertas que se acomoden a sus consumidores y sus gastos.

☐ *Promociones nacionales* – Típicamente cubren la totalidad de la parte continental de los Estados Unidos, con publicidad por Televisión a nivel nacional utilizada como vehículo/canal de promoción. Normalmente la marca proporcionará materiales impresos y de puntos de venta (POP, por sus siglas en inglés) en tienda, y materiales para la implementación y apoyo de la oferta nacional.

☐ *Promociones regionales* – Estas promociones son normalmente dictadas por la ciudad o la cobertura regional de televisión del servicio de cable local. Hay muchas ubicaciones que no se encuentran dentro de una región de televisión, y tales ubicaciones no se podrán beneficiar del mercadeo regional. La marca también normalmente proporcionará materiales impresos y de POP, y juego de herramientas para su implementación para apoyar la oferta de la región.

☐ *Herramientas y recursos* – Como parte de los beneficios de contar con un fondo de mercadeo, la marca elabora y pone a disposición una biblioteca de herramientas y recursos para franquiciatarios, los cuales pueden ser utilizados para los planes de mercadeo local de su tienda. Estos pueden incluir fotografía de producto o materiales listos para su uso tal como programas de escuela, catering, etc.

Procedimientos

Cada marca crea procesos y procedimientos detallados para ejecutar su imagen, producto, servicio y mercadeo nacional y regional (si ellos lo suministran) de la manera más consistente y efectiva posible. Para asegurar consistencia entre las unidades de franquicia, la marca proporciona un manual operativo que cubre todos los procesos y procedimientos estándar de la marca, así como mejores prácticas adicionales. El nivel de detalle en dichos manuales variará entre una marca y otra, sin embargo, este manual deberá ser su guía a seguir para asegurarse de que usted está cumpliendo con las expectativas de sus clientes con base en la promesa de la marca.

La marca proveerá indicaciones detalladas y apoyo sobre como ejecutar la imagen de la marca—especialmente durante los procesos de construcción y apertura. Tendrá diseños prototipo y planos arquitectónicos de planta que usted podrá utilizar como guía. La mayoría de los estándares de imagen y procedimientos no relacionados con la construcción podrán encontrarse en el manual operativo que usted recibe.

La marca también proporcionará procedimientos detallados, materiales de capacitación y guias de entrenamiento para la ejecución de su producto y servicio.

Lo que una franquicia no suministra

Como se ha mencionado anteriormente, una franquicia es el derecho adquirido para duplicar una marca como su propio negocio para efectos de lucro. Esto incluye los derechos de implementación de los elementos de la marca de imagen, producto, servicio y todos los procesos para implementarlos. Demasiadas personas adquieren una franquicia pensando que, si ellos hacen esas cosas bien, serán exitosos. La realidad es que esto no es suficiente. El adquirir los derechos de una franquicia es solo la mitad de la fórmula de un negocio próspero. ¿Porqué? Porque usted solo está recibiendo los sistemas de la marca. La otra mitad de la fórmula son los sistemas de negocio para complementar la marca.

Los elementos de los sistemas de negocio que, como franquiciatario, debe crear e implementar son: personas, administración, mercadeo y los procedimientos para implementarlos. Estos son los elementos con los que como franquiciatario, debe asegurarse contar para que el negocio opere de manera eficiente y efectiva. Muchos franquiciatarios no se preparan de forma apropiada en estas áreas y terminan aprendiendo en el camino, lo que les hace iniciar el negocio sobre bases poco firmes y los pone en riesgo de fracaso si no aprenden rápidamente.

Sistemas de Negocio = Personal + Controles + Mercadeo
(Ganancias)   **Procedimientos**

A continuación, una breve descripción de los elementos del negocio y lo que deben cubrir:

☐ *Personas*—Incluye su responsabilidad como líder, así como la manera de conseguir, cuidar y retener a las personas adecuadas para su equipo.

☐ *Administración*—Comprende todos los sistemas administrativos necesarios para entender y administrar los gastos del negocio, dominar las ventas y el control de los costos de comida y costos laborales, los cuales representan más del 50% de los gastos de su negocio.

☐ *Mercadeo*—Aun cuando le esté pagando a su marca la cuota de mercadeo, esta cuota solo cubre su mercadeo nacional y regional, y apoyo. No incluye nada del mercadeo local de la tienda con el que usted debe contar para el crecimiento saludable del negocio.

☐ *Proceso*—De la misma manera en la que una marca define los procesos para implementar los elementos de su marca, el franquiciatario necesita crear los procesos para implementar los elementos de su negocio. Ésto garantizará orden, consistencia y al final, un negocio viable.

Los sistemas de negocio que complementarán los sistemas de la marca que usted adquirió y posicionó su negocio para el éxito, son los que se cubren a detalle en este libro. Usted encontrará toda la orientación necesaria para construir estos elementos de negocio y preparar su franquicia para el éxito.

En el clima polémico actual, los franquiciantes hacen cada vez menos por los franquiciatarios en términos de capacitación y orientación del equipo del franquiciatario. Debido a las "Regulaciones de obligación compartida de empleador y empleado" en los Estados Unidos, los franquiciantes están limitando su apoyo a comunicar y capacitar sobre los estándares de la marca al franquiciatario que adquiere los derechos de franquicia—y depende de usted, el franquiciatario, transferir esa información a su equipo. Los franquiciantes también están siendo muy cautelosos en limitar dichos estándares y orientación a los sistemas de la marca y progresivamente apartándose de los sistemas de negocio que no forman parte intrínseca de la marca.

La función del franquiciatario

Una de las mayores claves para su éxito como franquiciatario es que usted y todos los franquiciatarios bajo su marca se sujeten a todos los sistemas probados de la marca y los estándares y procedimientos requeridos, y que todos los ejecuten exactamente de la manera como deben ser. Después de todo, usted gastó una cantidad de dinero significativa para invertir en dichos métodos comprobados. Mientras mayor consistencia haya entre unidades de franquicia, mayor confianza tendrán sus clientes en su marca y lo más probable es que los continúen visitando. Por lo tanto, su función como franquiciatario es seguir y defender los sistemas de su marca para proteger su inversión.

Si, conforme usted opera su marca, identifica oportunidades claras, usted debe compartir tales ideas para el mejoramiento con los líderes de su marca de tal manera que pueda ayudar en hacer un cambio positivo. Una de las mejores formas de hacerlo es estar activo en cualquier actividad de franquiciante y franquiciatario, para que usted pueda cultivar la relación que le dará acceso a la gente correcta con quienes podrá comunicar sus ideas.

APROVECHE A SU FRANQUICIANTE

Su franquiciante ha gastado y continúa gastando mucho dinero cada día para asegurarse de que la marca en la que usted ha invertido funcione exactamente de la manera que se supone funcione, y están constantemente mejorando para que usted sea exitoso. Todos los elementos, procesos y procedimientos creados para su operación han sido comprobados y demostrados para que sean los que brinden la mejor y más positiva y consistente experiencia al cliente. Usted puede encontrar esta información en el manual de operaciones de la marca. Debe leer y conocer este material muy bien y mantener el manual cerca en todo momento como una referencia rápida.

Todo franquiciante sabe que el éxito del franquiciatario es su éxito. La relación franquiciatario-franquiciante por lo general se establece como un gana-gana. Mientras mayor es el éxito del franquiciatario dentro de la marca y sus franquicias, mayores serán las regalías que reciben los franquiciantes y mayor será la cantidad de franquicias que ellos pueden vender. El mayor interés del franquiciante es verlo a usted tener éxito.

Su franquiciante le asignará apoyo en la marca. Esta persona será un asesor regional, y él/ella será su enlace para con la marca y puede apoyarlo con las respuestas, herramientas y recursos que usted necesita para su franquicia. El crear una relación cercana y saludable con esta persona es importante, debido a que él/ella será su mejor aliado para el éxito de su negocio con la marca.

Estoy segura de que usted ha escuchado la frase "No reinvente la rueda". Si usted es un emprendedor de corazón y encuentra difícil sujetarse a las reglas de alguien más porque está convencido de que usted puede hacerlo mejor, es importante que encuentre una marca que usted pueda seguir o cree la propia. La desviación de la marca por el franquiciatario es una de las mayores causas de conflicto entre franquiciante y franquiciatario—este es un hecho muy interesante ya que todo el propósito de comprar una franquicia es el no tener que crear nada que ellos de por sí ya ofrecen.

Advertencia: No todas las marcas se crean igual. Este libro está escrito asumiendo que la marca que usted ha escogido no solamente está correctamente establecida, sino que también continúa haciendo lo correcto por preparar a su franquiciatario para el éxito. Si, conforme lee este libro, usted se da cuenta que a su marca le falta alguno de los elementos que yo menciono, esto le dará idea de lo que usted necesita solicitar y esperar recibir. Esta es la razón por la cual usted paga regalías: para obtener ese tipo de servicio y apoyo. Mientras su franquiciante continúe mejorando su marca, esta ira en la dirección correcta. Esté consciente de que no todas las marcas están en la misma etapa de madurez. Algunas marcas llevan apenas un par de años de existir y aún tienen mucho que aprender, mientras otras han atravesado por muchos ciclos del negocio y han acumulado décadas de sabiduría y experiencia. Lo más importante es que la marca se está ajustando continuamente y buscando formas de mejorar para beneficiar tanto a la marca como a los franquiciatarios.

CAPÍTULO 2

Muestre el camino

La apertura de una nueva franquicia en un mercado donde la marca no existe puede convertirse en una experiencia muy excitante y abrumadora. Yo estaba asistiendo a uno de mis clientes, David, en una apertura como ésta. Usted puede sentir la emoción entre los más de 100 empleados que habíamos contratado, y cada futuro cliente que pasó por la zona en construcción preguntó, "¿Cuándo abren?" Nosotros sabíamos que iba a ser una gran inauguración, y queríamos estar preparados para brindar un excelente servicio y causar una gran primera impresión en cada uno de nuestros nuevos clientes.

En una nueva apertura de mercado, muchas cosas pueden ir mal. Esta apertura no fue una excepción. Un par de semanas previas a la planeada inauguración, recibimos un contenedor lleno de productos que se dañaron al momento de ser transportados debido a una falla en la refrigeración. Luego de que disminuyera la conmoción, David entró en acción y comenzó a trabajar para obtener un nuevo contenedor, mientras yo me hacía cargo de la logística para la preparación de la inauguración. ¡Éramos un gran equipo! Finalmente, el nuevo contenedor estaba en camino, el equipo se estaba capacitando y la tienda solo necesitaba unos pocos toques finales conforme nos preparábamos para nuestra apertura.

Una tarde, un par de días antes de la inauguración, me dirigí a la oficina de David y lo encontré encorvado sobre su escritorio, revisando unos documentos y sosteniendo su cabeza entre sus manos. De inmediato entré en pánico y pensé, "¡Dios mío! ¿Y ahora qué?" Luego le pregunté a David "¿¡Qué sucedió?! ¿¡Sucedió algo más con el contenedor?! ¿La comida está bien? ¿Qué sucede?"

Luego él me vio y yo podía observar que él estaba cargando con un gran peso sobre sus hombros. Su cara mostraba pánico, miedo, desesperación y confusión. Lo que él me expuso después, es una de las mayores lecciones de liderazgo que yo haya recibido. Él dijo, "Aicha, estoy firmando los primeros cheques de todos los empleados, y mientras escribo sus nombres y los firmo, me doy cuenta de que de ahora en adelante yo soy responsable de cien personas. Cien familias con esposas, esposos y niños quienes cuentan conmigo. Quien yo sea como líder, jefe y hombre de negocios le afectará a cada una de esas familias. ¡Es mucha responsabilidad!"

En ese momento, exhale. Yo había estado aguantando la respiración, preparándome para escuchar lo que él me iba a decir. Lo miré, asimilé la magnitud de lo que él acababa de decir, y sonreí. "Si, David, es una gran responsabilidad y el hecho de que te des cuenta de ello me dice que estás preparado. Yo sé que esas cien familias están en buenas manos: las tuyas."

Sé el líder que las personas buscan

Cuando me dí cuenta de la angustia de David por la responsabilidad para con su gente, supe que sería un gran líder. ¿A quién no le gustaría trabajar para alguien que asume responsabilidad por su sustento de manera tan seria como él lo hizo en ese momento? Eso es lo que hace la verdadera diferencia entre un buen jefe y un mal jefe: qué tanto se interesa por el bienestar de su gente.

¿Usted trabajaría para alguien como usted?

Éste es el punto de partida de este libro, debido a que en la industria de franquicias todo sucede con personas. Si usted, como la persona que está a la cabeza de la organizacion, no es el líder correcto, no importa qué tantos libros usted lea, a cuántos seminarios asista o a cuántos asesores contrate para tener éxito en su negocio; el negocio siempre presentará dificultades y sus posibilidades de éxito se reducen exponencialmente. Si usted no es el líder correcto, eso es lo primero que usted necesitará cambiar.

Eche un vistazo honesto y objetivo a quien es usted como líder: ¿Trabajaría para alguien como usted? ¿Sería leal a alguien como usted? ¿Querría hacer un buen trabajo para alguien como usted? Piense en las cosas que usted realiza cada día para y con las personas. ¿Es usted el tipo de líder que las personas desean? Esta es una pregunta interesante que debe hacerse porque si la respuesta es no, entonces su futuro como empresario será difícil. La industria de franquicias depende mayormente de las personas que trabajan en ella. Su negocio será tan fuerte o tan débil como las personas en su equipo, y si usted no es el tipo de líder para el cual las personas de calidad quieran trabajar, usted terminará con un equipo que le hará las cosas más difíciles de lo que necesitan ser. Aun peor, usted estará corto de personal constantemente y su negocio y clientes sufrirán cada día, lo que pondrá a su negocio en una posición débil y peligrosa.

Yo iré tan lejos como decir que la razón número uno del porqué los negocios fracasan es porque el dueño no es el líder que las personas desean. Ser ese líder no es solo tratar bien a los empleados, se trata también de que el líder haga lo necesario para suministrarles un trabajo sólido y estable. El trabajo será estable si el negocio es estable. Por tanto, básicamente, hacer lo que es correcto para el negocio es hacer lo correcto para las personas. Esto requiere de conocimiento, información, empatía y acción.

¿Qué clase de líder las personas quieren?

Hay muchos libros que describen las características de un gran líder. Aquí comparto las 12 acciones que yo he visto tomar por los mejores líderes que he conocido a lo largo de mi carrera. Estas acciones son la razón del porqué el personal es leal a su líder y a su compañía. Sabemos que las acciones dicen más que las palabras y que muchas personas dicen grandes cosas, pero no hacen lo que dicen. ¡Ser un gran líder se refiere a hacer lo que se dice y algunas veces solo el actuar hace toda la diferencia! Conforme lea lo siguiente, evalúe qué tanto usted da la talla:

1. *Ser respetuoso* – Las personas quieren ser tratadas con respeto. No tienen inconveniente cuando se les hace ver que hacen algo mal o en qué áreas deben mejorar o dónde cometieron un error, siempre y cuando los trate con respeto. El tratarlos con respeto permite que las personas le

escuchen, le entiendan y quieran mejorar. Nunca hay una buena razón para ser irrespetuoso, aun cuando las otras personas están siendo irrespetuosas con usted. Reconozca en público, pero siempre reprenda en privado.

2. *Ser consistente* – Una de las mayores acciones que decepcionan a las personas y hacen que pierdan confianza en usted es cuando usted es inconsistente. Es importante que usted diga lo que hace y haga lo que dice. Si su personal no puede confiar en su palabra, el valor de lo que usted dice disminuirá, y entonces no tendrá importancia qué tanto diga, las personas no le creerán. Las personas pueden olvidar una o dos acciones inconsistentes, pero si usted va más allá que eso, se acabó. Entonces usted tiene que volver a ganar su confianza. Muchas veces usted no sabrá que tiene que hacerlo. En pocas palabras: Si usted dice X, entonces haga X.

3. *Ser imparcial* – La imparcialidad es solo otra manera de decir que usted debe tratar a todos por igual. No tenga favoritismos en su equipo. Cuando usted aplique una regla, recompensa o consecuencia, hágalo sin importar la persona. Esté consciente de cualquier inclinación que pueda tener y que puede provocar que usted trate a las personas de manera diferente. Haga lo que tenga que hacer para eliminar el sesgo de raíz. Haga lo correcto por su gente.

4. *Ser abierto* – Es muy importante el estar abierto a las ideas, retroalimentación, preguntas y reclamos de su gente. No solo puede usted aprender mucho de esas conversaciones

sobre el negocio, oportunidades y su equipo, sino también le hace saber a su personal que ellos pueden confiar en usted. Si ellos tienen el valor de acercarse a usted, lo menos que usted puede hacer es escucharlos y lo que ellos tengan que decir. Cuando ellos le hablen, *esté presente* y no empiece a pensar acerca de lo siguiente que usted tiene que hacer. El tener una política clara de puertas abiertas, es una muy buena forma de propiciar tales conversaciones.

5. *Brindar reconocimiento* – ¡A todos les gusta un buen elogio! Si usted mira a alguien hacer algo muy bueno, hágaselo saber. No le cuesta nada elogiar y puede ganar mucho al hacerlo. Cuando usted halaga a alguien, sea específico y haga saber exactamente lo que estaba haciendo bien. Al hacer esto, harán un esfuerzo para seguir haciéndolo de esa manera para usted.

6. *Mostrar empatía* – Cuando detecte que algo anda mal o alguien está angustiado, ponga atención y haga algo al respecto. No sea solo un observador y lo que sería peor, alejarse. Algunas veces la solución es tan simple como estar presente y escucharlos; algunas veces requerirá que usted haga algo al respecto. Haga lo que pueda cuando pueda; cuando no pueda, trate de conseguirles ayuda. Se sorprenderá de qué tanto el ayudar a alguien a cargar una caja puede aumentar su lealtad hacia usted.

7. *Ser incluyente* – Conforme administra su negocio, dese cuenta de lo que usted hace y de cómo lo hace. Tome conciencia de si alguien está siendo excluido. Hay personas que no son muy comunicativas. Normalmente los callados

son los que se quedan atrás y frecuentemente los que pueden ayudar más. Acérquese a los más callados que van por allí hacienda su trabajo, y descubra si son un tesoro oculto.

8. *Proveer dirección* – Las personas necesitan saber hacia dónde van. Necesitan saber sus responsabilidades y dónde pueden hacer un mayor impacto. Como líder, debe conocer a su gente suficientemente bien para poder brindar orientación – especialmente durante los momentos con alto volumen de trabajo. Es importante que el equipo sepa que usted está allí, que sabe lo que se debe hacer y lo que requiere que ellos hagan para superarlo.

9. *Establecer metas* – El establecer metas es una buena forma de hacer que su equipo reme en la misma dirección. Si usted es capaz de establecer metas claras en cada área de su negocio dónde el equipo puede tener impacto, usted verá cómo se mueven esos números. Y si a partir de ello usted puede incentivar al equipo completo cuando tales metas han sido alcanzadas, usted generará entusiasmo, trabajo en equipo y satisfacción en el trabajo. Lograr esas metas también le da oportunidad de celebrar, reconocer y unir al equipo.

10. *Ser Comunicativo* – La comunicación es clave para que los miembros del equipo tengan sensación de pertenencia. Si ellos están informados sobre lo que está sucediendo en la compañía, si hay orientación y metas establecidas, y estas son comunicadas con actualizaciones sobre el progreso, el equipo está listo para apoyar los cambios e innovaciones.

El mantener al equipo informado de cualquier promoción, cambios en la compañía y noticias, es una excelente forma de ayudarlos a sentirse parte de algo más grande. Una buena forma de tener una constante comunicación con su equipo aun cuando usted no esté presente, es creando una cartelera de comunicación donde pueda colocar no solo las metas y logros del equipo, sino que también noticias personales, tales como cumpleaños, aniversarios, etc.

11. *Anticipar excelencia* – Una vez haya tomado la decisión de contratar a alguien, espere solo lo mejor de las personas. Déjeles saber que así es como los ve. Esa es la razón por la que los contrata. Si usted lo hace y ellos están claros con eso, la mayoría cumplirá con esas expectativas, y muchos le sorprenderán por la manera en que ellos muestran su mejor versión. No espere menos.

12. *Ser Servicial* – Como líderes, nosotros algunas veces creemos que nuestra función es caminar por los alrededores y decirles a las personas qué hacer, cuando en realidad, somos más efectivos cuando proporcionamos al equipo descripciones de las funciones y responsabilidades, entrenamos sobre las expectativas, nos quitamos de su camino y los dejamos hacer su trabajo. Después, nuestro trabajo es caminar en los alrededores y preguntarles, "¿Qué puedo hacer para ayudarle a hacer su trabajo con mayor eficacia?" y haga lo que ellos digan. Ése es el trabajo de un líder: ser servicial al equipo.

Libros recomendados

Yo he sido una estudiante de liderazgo durante toda mi carrera. Aún me considero un trabajo en progreso. Sé que me importa mucho mi gente, mis clientes y mis empleados por igual. Haría todo lo que esté a mi alcance para verlos triunfar. Pienso que esto me da una ventaja y un camino hacia sus corazones, especialmente cuando demuestro con mis acciones que yo siempre considero lo que es mejor para ellos.

Si usted es como yo y aún es un trabajo en progreso cuando se trata de ser un gran líder, entonces usted quiere seguir aprendiendo como mejorar. A continuación, le comparto algunos de mis libros favoritos de liderazgo:

> *The 21 Irrefutable Qualities of a Leader* – John C. Maxwell
> *How to Become a Great Boss* – Jeffrey J. Fox.
> *The One-Minute Manager* – Kenneth Blanchard
> *The One-Minute Reprimand* – Kenneth Blanchard

Crear una cultura de la que se esté orgulloso

Mi cliente John y yo estábamos revisando todas las áreas de interés para él y su negocio. Durante esta sesión inicial de descubrimiento, noté que en general faltaban la dirección y misión. Vean, John era relativamente nuevo en la industria de la comida, habiendo sido un líder de carrera en el negocio de los seguros. Desde que él adquirió su franquicia, se enfocaba en la implementación de los estándares del negocio. Sobre la marcha, aprendió todas las áreas de administración del negocio que no cubrió la marca, y estuvo trabajando en crearlas para administrar apropiadamente la franquicia en general. Por ello me llamó. Una de nuestras primeras conversaciones fue acerca de la necesidad de tener una misión que guiara las decisiones de su compañía a lo largo del camino.

Yo necesitaba entender lo que era importante para él y su familia para ser una mejor asesora para él. Él también necesitaba una misión hacia la que su equipo pudiera mirar para hacerles recordar de las expectativas de la compañía aun cuando John no estuviera presente. Tuve la suficiente suerte de trabajar para grandes marcas que entendían el poder de una misión común y, por tanto, durante la mayor parte de mi carrera estuve clara sobre lo que se esperaba que yo hiciera y por lo que me debía esforzar. La tarea de John era juntarse con su familia y definir no solo la misión para su compañía, sino que también los valores que él quería que su compañía y equipo siguieran a diario.

Al siguiente día por la mañana, él tenía un semblante diferente. Yo podía darme cuenta de que él estaba emocionado por compartir conmigo a lo que habían llegado, y debo decir que lo que me compartió ese día, hasta hoy, sigue siendo una de las misiones que mas me gustan. Esa misión está ahora guiando las decisiones de su compañía y conversaciones de los empleados, y también está ayudando a definir las políticas de la compañía. Me ha autorizado compartirla, por lo que la muestro a continuación:

"Utilizar nuestros talentos y recursos para proporcionar una experiencia excepcional a nuestros clientes y miembros de nuestro equipo."

Me encanta que, en la misión, él espera excelencia de cada uno y que esta excelencia sea para el beneficio de los clientes y empleados. El equipo de John está ahora haciendo el trabajo para asegurarse de que esta misión sea comunicada de forma clara y constante, y sea acogida por cada miembro del equipo.

Cultura intencional

Muchos negocios nuevos operan sin una Guía Cultural. El resultado de esto es compañías con culturas creadas por las personalidades de las personas que las manejan y trabajan en ellas. Algunas veces eso es bueno pero la mayor parte del tiempo no lo es. En estas compañías, la cultura es definida por el enfoque a la rentabilidad, operaciones, servicio al cliente, o inclusive, en la calidad. Ninguno de esos es algo malo, sin embargo, si la cultura de la compañía está definida puramente por un objetivo, usted arriesga:

☐ El ignorar otras áreas importantes que puedan afectar los resultados que la compañía produce a la larga; y

☐ El tener una cultura determinada por declaraciones negativas como, "A mi manera o a la calle", "Resultados a toda costa", "Haga lo que digo, no cómo lo hago", etc.

Si el equipo no sabe lo que es importante o la principal meta global, ellos crearán la propia – y ésta probablemente sea una que les sirva a ellos y no a la compañía y equipo. En tal caso, la compañía puede no alcanzar el nivel de excelencia que pudiera o en el peor escenario, puede ser impactada de manera significativa y negativa. Eventualmente, la compañía puede desaparecer por ello.

Yo trabajé una vez para una compañía que no tenía una Guía Cultural que la rigiera y les puedo compartir que no fue una buena experiencia. El equipo no sabía qué acciones eran valoradas y debido a las fuertes personalidades de los líderes de la compañía, todos vivían con temor de ser despedidos. Ellos sentían que no importaban porque nadie les decía lo contrario.

Asegurémonos de que eso no suceda en su organización. Tómese el tiempo y cree una cultura de la que usted pueda estar orgulloso mediante el establecimiento de una Guía Cultural a seguir cada día. Primero, definamos que es una Guía Cultural y el propósito y estructura de cada elemento de la misma.

Guía Cultural

La Guía Cultural de su compañía está compuesta por su misión, visión y valores/principios guía que usted define como las convicciones que deben dictar los comportamientos de la compañía y el empleado. Éstas se convertirán en el alma y la brújula para su organización. Son la guía de lo que se espera de la compañía y sus empleados, tanto de cómo se relacionan con los clientes y proveedores, así como entre ellos.

Misión

Según el diccionario Merriam-Webster, una misión es "un objetivo o propósito preestablecido o autoimpuesto". La misión de la compañía es lo que usted quiere que el equipo haga hoy y siempre. Éste es el objetivo general a seguir de la compañía – y es lo que le da claridad al equipo de lo que se espera de ellos y porqué.

Yo soy creyente de la simplicidad, tal vez porque tengo mala memoria, o tal vez porque es importante que las cosas sean breves, claras, directas y fáciles de recordar. Si usted logra estos requisitos en su misión, a su equipo le será más fácil recordarla, y recordarla es el primer paso de seguirla y vivirla.

A continuación, algunos ejemplos de misiones de compañía:

☐ Nike: "Llevar inspiración e innovación a cada atleta en el mundo".

☐ Domino's: "¡Vender más pizza, divertirse más!"

☐ Subway®: "Deleitar a cada cliente – para que ellos quieran contarles a sus amigos – por medio de sándwiches frescos, deliciosos, hechos a la medida y una experiencia excepcional".

☐ Dunkin' Donuts®: "Hacer y servir el más fresco y delicioso café y donas rápida y cordialmente en tiendas modernas, y bien presentadas".

Visión

El diccionario Merriam-Webster define la visión como la "habilidad excepcional de saber o creer lo que debe suceder o debe realizarse en el futuro". Básicamente, la visión de la compañía es por lo que estás luchando ser. Esto es más una inspiración, una meta lejana y a largo plazo. Aun cuando no lo logre, el hecho de que se esfuerce por ello le hará mejor y estar más cerca cada día.

A continuación, algunos ejemplos de visiones de compañía:

☐ Domino's: "No. 1 en Personas, No. 1 en Pizza."

☐ Burger King®: "Ser el negocio de Restaurantes de Servicio Rápido (QSR, por sus siglas en inglés) más rentable, a través de un Sistema de franquicia fuerte y grandes personas, sirviendo las mejores hamburguesas en el mundo."

☐ Chipotle®: "Mejor comida, accesible para todos."

☐ Twitter®: "Darle a todos el poder de crear y compartir ideas e información de manera instantánea, sin barreras."

Valores o Principios Guía

Un valor o principio guía es "una regla o creencia moral que le ayuda a usted a distinguir lo que es correcto e incorrecto, y que influye en sus acciones", según el diccionario Merriam-Webster. Los valores o principios de una compañía son el conjunto de características y actividades que la compañía espera y valora más.

Usualmente, las compañías tienen de seis a diez valores o principios guía. Usted notará en los siguientes ejemplos que algunas compañías solo tienen una palabra, otras usan una frase y aún otras que utilizan una palabra, pero añaden una explicación para aclarar la expectativa. No hay una manera correcta o equivocada de hacerlo. La clave de escoger sus valores y principios es escoger aquellos que más le toquen, muevan e inspiren a usted y su equipo, y que harán la mayor diferencia en crear el tipo de cultura y resultados de la compañía que usted quiere.

A continuación, algunos ejemplos de posibles valores o principios guía de una compañía:

- ☐ Empatía
- ☐ Respeto
- ☐ Altos estándares
- ☐ Promoción interna
- ☐ Hacer la diferencia
- ☐ Producir lo mejor por menos
- ☐ Tratar a las personas como a usted le gustaría que le traten
- ☐ Incentivar lo que usted quiera cambiar
- ☐ No somos ordinarios, somos excepcionales
- ☐ Honestidad – Acoger la verdad sobre uno mismo y el mundo
- ☐ Transparencia – Demostrar apertura y vulnerabilidad

☐ Humildad – Reconozca sus propios errores y comprométase a aprender

☐ Integridad – Diga lo que piensa y haga lo que dice

☐ Respeto – Honrar la dignidad, inclusión y diversidad de otros

☐ Responsabilidad – Asumir sentido de pertenencia y responsabilidad por los resultados, éxitos y fracasos

☐ Liderazgo – Responsabilidad con pasión en cada nivel

☐ Ejecución – Actuar conforme a las necesidades del negocio

☐ Diversión – Abordar todo reto con emoción, energía y entusiasmo... celebre cada paso del camino

Viva su cultura

Su misión, visión y principios guía se convierten en la Guía Cultural de su negocio. La cultura de su compañía solo se definirá por su Guía Cultural si usted la vive a diario. Si no, solo serán palabras en un marco sobre su pared que no hará una diferencia en la manera como funciona su negocio.

Esta Guía Cultural debe ser una de las primeras cosas de las que usted hable cuando entreviste a un empleado potencial, también durante la orientacion, entrenamiento, reuniones y cada día. Esto ayudará a que la Guía Cultural se incorpore a su organización y eventualmente se convierta en lo que la organización represente todos los días.

Una vez usted ha definido su Guía Cultural, aun cuando solo sea una declaración de misión, publíquela de manera notoria para asegurarse de que todos la puedan ver y les recuerde cada día lo que se espera de ellos.

El usar la Guía Cultural hace bastante simple todas las conversaciones, entrenamiento, momentos de asesoría y decisiones importantes. Si usted vive conforme a ella, lo que usted dice sale de manera natural, porque establece lo que usted debe decir y cómo decirlo.

Permítame darle un ejemplo de cómo usted aplicaría su misión en el lenguaje que usted usa al comunicarse con su equipo, utilizando el ejemplo de la misión de John. Él estaba teniendo problemas de asistencia con uno de sus empleados y, mientras manteníamos una conversación sobre los tipos de políticas que se necesitan añadir al manual del empleado para abordar temas de asistencia, traje a colación el lenguaje que él debía usar cuando tuviera conversaciones difíciles con el equipo.

Le recomendé, "Es tan sencillo como preguntarles cómo sus problemas de asistencia están o no alineados con la misión de la compañía". El empleado, forzado a hablar, tendrá que aceptar que sus llegadas tarde o el no llegar a su turno programado no solo creaba una mala experiencia para los miembros de su equipo, sino que también para sus clientes, generando un resultado doblemente negativo. Si usted recuerda, la misión de John es "Utilizar nuestros talentos y recursos para proporcionar una experiencia excepcional a nuestros clientes y miembros de nuestro equipo". Todas las acciones que contrasten directamente con la Guía Cultural de la compañía son inaceptables y deben tener consecuencias.

Usted sabra que ha establecido su Guía Cultural cuando cada empleado pueda recitarlo – y explicar su aplicación – utilizando situaciones reales y como el empleado aplica la Guía para tomar una decisión o manejar la situación. Ese día, usted sabrá que lo ha logrado.

¿Cuándo cambia su Guia Cultural?

Cada año usted debe revisar su Guía Cultural y asegurarse de que es aún relevante. Las cosas cambian y a veces usted necesita adaptarse, modificar o eliminar algo. Esto es algo que no debe hacerse a la ligera porque lleva tiempo establecerla en su equipo y el hacer cambios puede provocar una disminución en el compromiso a seguirla. Por tanto, asegúrese de que si cambia su Guía, que los cambios sean suficientemente importantes para arriesgar el compromiso de parte de su equipo mientras la nueva Guía se asimila.

APROVECHE A SU FRANQUICIANTE

La mayoría de las marcas tienen su propia Guía Cultural. Si usted ha adquirido franquicias solo de una marca, aun cuando tenga varias unidades, le beneficiará adoptar la Guía de su marca. Esto generará alineamiento en el propósito y comunicación entre su equipo y la marca. Todas las Guías Culturales que yo he visto tienen un mensaje positivo e inspirador. Por lo tanto, no debería ser complicado asimilar esa Guía como propia, especialmente porque es probable que los elementos de la Guía estén incluidos en la comunicación de la marca, tales como el manual de operaciones, materiales de entrenamiento y guías de trabajo. Puede ser confuso si usted tiene una Guía Cultural de su compañía en la pared que sea diferente a la que los empleados vean en los materiales de la marca.

Si usted aún así desea añadir su toque personal a la cultura que usted está creando entre su equipo, entonces le recomiendo añadir solo una visión o misión de su compañía a la Guía de la marca. Cuando usted la comparte con el equipo, ponga en claro lo que viene de la marca, y lo que viene del líder de la compañía (usted). El plantear la distinción ayudará al equipo a entender la diferencia.

Si usted es un franquiciatario con varias marcas, entonces le recomiendo que usted cree una misión o visión global para su compañía que unirá a todas las unidades de las diferentes marcas. Este mensaje unificado permitirá sentir al personal de las diferentes marcas que pertenecen al mismo equipo.

Si usted tiene una marca que aún no tiene una Guía Cultural, entonces sugiero enfáticamente que usted cree su propia Guía y la comparta con todo el personal de su compañía. Es más, el incluir a algunos miembros del equipo en el desarrollo de su Guía les dará la sensación de pertenencia e incrementará su nivel de aceptación.

"Si sus acciones inspiran a otros a soñar más, aprender más, hacer más y ser más, usted es un 'líder.'"

–JOHN QUINCY ADAMS

CAPÍTULO 3

Tenga a las personas adecuadas a bordo

"Talento gana juegos, trabajo en equipo gana campeonatos."

–MICHAEL JORDAN

"¡Necesito ayuda! Estoy perdiendo demasiada gente y no sé qué hacer. Estamos cortos de personal, las personas llegan tarde al trabajo y estamos teniendo mucha ausencia laboral sin notificación previa, pero no los puedo despedir porque los necesito, aun cuando sean irresponsables/informales. Además, tan pronto los contratamos, renuncian, dejándonos cortos de personal constantemente. No sé qué más hacer."

Esto es lo que mi cliente Matt, franquiciatario de cuatro unidades, me dijo por teléfono. Como de costumbre, tuvimos una Sesión de Descubrimiento para identificar el problema y las causas. Luego de algunas preguntas, determiné que su proceso de contratación dejaba mucho que desear. El no tener el procedimiento correcto para contratar a las personas adecuadas para su equipo puede provocar muchos problemas recurrentes, como los que Matt estaba experimentando. Su próximo paso era crear un proceso de contratación definido de manera clara y aplicado consistentemente para estar seguros de que a partir de ese momento él contrataría a las personas correctas con las habilidades y la actitud para su negocio.

Las personas *adecuadas* a bordo

En lo que se refiere a su equipo, quiero que piense en su negocio como un barco. Para que un barco sea capaz se trasladarse exitosamente de un lugar a otro en un tiempo apropiado, no solo necesita tener el número *correcto* de personas en el barco, sino que también necesita las personas *adecuadas* y en los puestos *correctos*. Si esas tres condiciones no se cumplen, usted se arriesga a no ir a ninguna parte, o aún peor, a hundir el barco por completo.

Abordo de un barco, usted necesita un capitán para dirigir e inspirar al equipo, y usted necesita remeros fuertes para mantener el barco en movimiento de una manera estable y consistente. Usted necesita a alguien con habilidades de navegación para conducir el barco en la dirección correcta, así como también a alguien que sea ágil para pensar, de tal forma que, si entra agua al barco, él pueda deshacerse de ella rápidamente. Aun cuando las habilidades necesarias para cada puesto son distintas, éstas tienen igual importancia. Si su líder no inspira al equipo, usted puede tener remeros remando sin coordinación. O puede terminar yendo en círculos, y un remero puede de la nada dejar de remar y saltar por la borda. Si los remeros no son fuertes y constantes, su barco podría ir demasiado despacio. Si la persona a cargo de la navegación hace mal su trabajo, usted puede terminar en un destino totalmente equivocado.

Debido a todo esto, es importante que usted no solo tenga el número correcto de personas en el barco, sino que también que éstas sean las personas correctas en los puestos correctos. El buscar a las personas correctas es una tarea diaria. Usted nunca deja de buscar a las personas correctas, aun cuando tiene el personal completo. Imagínese que una persona increíblemente calificada se aparece en su negocio buscando trabajo – ¿usted lo dejará ir porque usted cuenta con todo el personal que necesita? ¡No! Usted sabe que tendrá rotación de personal y que mientras más personas calificadas contrate usted, mejor estará su negocio.

El número *correcto* de personas

El tener el número correcto de personas significa prestar atención a las necesidades de su negocio y contar con un proceso claro mediante el cual pueda determinar la cantidad de personas que usted necesita en el horario del negocio, cada hora de cada día, con base en el volumen del negocio. He incluido información más detallada acerca de este proceso en el Capítulo 9, porque la atención que usted preste a esta área determinará qué tan bien usted administra sus costos laborales, su segundo mayor costo en su estado de pérdidas y ganancias (P&L, por sus siglas en inglés).

En los puestos *correctos*

Todos somos diferentes. Todos tenemos distintos antecedentes, personalidades, características, intereses y habilidades. Si usted puede hacer un buen trabajo de hacer corresponder las características de una persona con las necesidades de la función que éstas tendrán en su negocio, usted tendrá una menor índice de rotación y un nivel mayor de eficiencia y satisfacción en el trabajo, así como mayores ganancias. Por ejemplo, alguien que siempre está feliz, es extrovertido y le encanta hablar con los clientes, será un excelente cajero o mesero, mientras que otro que es más reservado y pone atención a los detalles podría ser mejor preparando comida y producción. Antes de que usted determine que alguien de su equipo no encaja, tome su tiempo para establecer si tal vez está en el puesto equivocado y muévalo antes de darse por vencido de él.

Colaboradores externos

El tener a las personas *correctas* en su barco no se refiere solo a las personas dentro de las cuatro paredes de su negocio. Aun antes de que usted compre su primera pieza de equipo, usted necesitará contratar a las primeras personas para que le apoyen en su negocio. Estas personas son a las que llamo colaboradores externos. Ellos proveerán servicios profesionales críticos para mantenerlo informado y ayudarle a tomar mejores decisiones, así como proteger su negocio e inversión.

Cuando se reúna con sus colaboradores externos, usted querrá tener preguntas listas para hacerles, no solo sobre cómo ellos le apoyarán sino también para ayudarle a entender su filosofía y saber si sus valores y principios se alinean con los suyos. Debido a que ellos le brindarán apoyo y orientación a su negocio, este alineamiento es críticamente importante. A continuación, menciono algunos de los colaboradores externos que usted necesitará. Si usted vive afuera de los Estados Unidos, dependiendo de las regulaciones y requerimientos de su negocio, esta lista puede ser más larga.

Proveedor bancario / financiero

Su proveedor bancario o financiero será una de las primeras personas que usted contactará y lo más seguro es que será alguien con quien se reúna aproximadamente cada seis meses. Esta relación se puede traducir no solo en el acceso a capital sino también a mejores términos en préstamos si el colaborador tiene confianza en usted y su negocio.

Su banquero también será un gran recurso para contactos locales en otras áreas de su negocio. Recuerde que ellos hacen negocios con todo tipo de personas y probablemente pueden recomendar otros profesionales con quienes ellos trabajan y confían. Mientras mejor sea el equipo a su alrededor, mayor confianza en usted tendrá su banquero. Esto se puede traducir en ahorro en dólares reales y mayor acceso a capital.

Abogado

Su abogado probablemente sea la segunda persona que añada a su equipo de colaboradores externos. El no solo le asistirá con la elaboración de los documentos legales de la compañía, sino que también realizará revisiones cruciales de los contratos de la franquicia y arrendamiento. También le dará asesoría legal en muchas áreas del negocio, desde leyes laborales a leyes locales y más.

Enfáticamente recomiendo que cuando escoja a su abogado, escoja uno con experiencia en el negocio de franquicias. El negocio de franquicias tiene necesidades particulares y teniendo a alguien de su lado con ese tipo de experiencia será muy ventajoso.

Contador

Su contador será la tercera persona que contratará en su negocio. Es posible que usted lo contrate antes de que elija a su banquero, ya que ellos le pueden ayudar a construir su plan de negocios que presentará al franquiciante (cuando esté aplicando para la franquicia) y al banquero (cuando esté aplicando para un préstamo). Es muy importante que su contador, al igual que su abogado, tenga mucha experiencia en restaurantes y/o franquicias. Usted querrá preguntar cuántos otros clientes de restaurante/franquicia tienen ellos. Esto le ayudará a usted para determinar si él es el Contador para usted.

El administrar un negocio es mucho trabajo. Recomiendo que contrate un contador que no solo se haga cargo de sus declaraciones de impuestos anuales y financieras mensuales, sino que también pueda realizar otros servicios para usted. Hay servicios de contabilidad completos que pueden hacer más fácil la parte administrativa de su negocio y le permita enfocarse en lo que es más importante, como liderar el equipo, incrementar las ventas y controlar los costos. Los contadores también le pueden proporcionar servicios de teneduría de libros, nómina, reportes mensuales y reporte de impuestos.

Agente de seguros

El siguiente colaborador que usted necesita contratar es su agente de seguros. Ellos le ayudarán a escoger el tipo y nivel de protección que usted necesita en su negocio. Nuevamente, teniendo experiencia en la industria de la franquicias es beneficioso para asegurar que usted obtenga lo que realmente necesita porque el seguro puede ser capcioso. Usted debería consultar a varios agentes de seguro para ver qué dice cada uno sobre lo que usted necesita y cuánto cobra cada uno por la misma cobertura. El tener varias propuestas le permitirá tomar la decisión más informada y asegurar la cobertura que usted necesita.

Proveedores de servicio de construcción y equipo

Usted tendrá un inmueble, por supuesto, sin mencionar mucho equipo que requerirá servicio continuo. Al inicio, usted tendrá que comenzar desde cero buscando a las personas adecuadas. Una vez usted encuentra los mejores proveedores de servicio de electricidad, gas, fontanería, reparaciones de construcción, paisajista, etc., usted quiere tener esa lista a la mano, talvez hasta tenerla en exhibición en el área de su oficina, para consulta rápida. De esta manera, en el momento en el que usted se dé cuenta de que algún equipo está teniendo problemas, puede llamarlos de inmediato y no perder tiempo. Le llevará algún tiempo encontrar a los proveedores correctos. ¡Podría tener que besar a muchos sapos antes de encontrar a su príncipe, pero cuando lo haga, definitivamente valdrá la pena!

Contactos de emergencia

Si bien no es probable que usted necesite a oficiales de policía, bomberos, paramédicos y personal local de hospitales sería buena idea tener sus números exhibidos en su oficina para que usted pueda contactarlos fácilmente en caso de una emergencia. Cuando las emergencias ocurren, es difícil pensar con claridad. El tener esos números al alcance le permitirá a usted y su equipo llamarlos cuándo se necesite. Con suerte, usted nunca necesitará llamarlos, pero definitivamente es una de esas situaciones potenciales para las cuales usted quiere prepararse.

Inspectores sanitarios

Si usted tiene una franquicia de comida, habrá dos calificaciones que usted recibirá de personas externas. La primera será una evaluación de marca y operaciones del franquiciante. El resultado de dicha evaluación puede poner en riesgo sus derechos de franquicia. Esta calificación permanecerá entre usted y su franquiciante, quien le ayudará a guiarlo a través de las áreas que necesitan mejorar antes de que la franquicia tome medidas drásticas en su contra.

La otra calificación que usted recibirá de personas externas es su inspección sanitaria. Esta calificación será publicada para que todo el mundo la vea - ¡Gulp! Esta calificación determinará su reputación ante sus clientes, y si usted tiene suficientes infracciones, puede resultar en el cierre inmediato de su negocio representando un costo significativo tanto financiero como de reputación para usted. Muchos negocios de servicio de comida no se recuperan de un cierre por el departamento de salud. Una de las mejores cosas que usted puede hacer es contactar al inspector sanitario local rápidamente, preferentemente antes de abrir, y asegurarse de que usted está claro con las expectativas de ellos sobre su negocio. Invítelos a caminar por su restaurante con usted y asegúrese de tomar nota sobre cualquier consejo que ellos den. Lo que es más, actúe sobre esos consejos y rectifique cualquier problema inmediatamente, de tal manera que cuando el inspector vuelva para una evaluación subsecuente, esos detalles se hayan atendido.

También asegúrese de que su equipo sabe que debe llamarlo en el momento que se aparezca el inspector sanitario en sus instalaciones, de tal manera que si usted no se encuentra en el lugar, usted pueda llegar allí tan pronto como sea posible. Muchas veces usted puede corregir infracciones menores en el momento y no contarán en su contra. Cualesquiera otros asuntos deberán ser atendidos de inmediato, porque aun unas pocas infracciones pueden generar una calificación embarazosa y dañina para la marca.

El equipo

El tener a las personas *correctas* en el barco no es suficiente cuando se trata de las operaciones de su franquicia. Como lo mencioné antes, usted también necesita asegurarse de que ellos ocupen los puestos *correctos*. Cada puesto en su negocio requiere una lista específica de talentos y características de personalidad, si bien es cierto que usted no quiere estar corto de personal, es mejor esperar a la persona *correcta* que contratar a la persona equivocada para el trabajo y lamentarlo después.

Usted tendrá tres categorías de personas en su equipo: administrativo, gerentes de unidad y empleados de unidad. Echemos un vistazo a cada categoría y cosas de las que hay que estar consciente:

Administrativo

Si usted es dueño de una franquicia de multi-unidades, entonces probablemente tiene un equipo administrativo de apoyo para su negocio. Es muy importante que tenga un equipo de apoyo administrativo solo cuando sus colaboradores externos no puedan darle el apoyo y servicio que usted necesita. Esté consciente de que los proveedores externos siempre serán una opción de menor costo porque ellos no trabajan exclusivamente para usted. Cuando usted tiene su propio equipo administrativo, no solo es usted responsable de la totalidad de sus sueldos, sino que también por todas las prestaciones y demás gastos y actividades administrativas que acompañan a un equipo de esta índole. He visto a demasiados franquiciatarios crear un equipo administrativo antes de que el negocio lo requiera, y se convierte en la razón primordial por la cual su negocio fracasa. Asegúrese de realizar un análisis de punto de equilibrio y retorno de inversión (ROI, por sus siglas en inglés) antes de contratar al primer miembro de su equipo administrativo.

Su equipo administrativo puede constar de:

☐ Gerente de recursos humanos
☐ Contador
☐ Gerente de entrenamiento
☐ Gerente de mercadeo
☐ Gerente de área, etc.

Cuándo y cómo usted agregue personal administrativo será determinado exclusivamente por las necesidades de su negocio. Mientras usted sea un franquiciatario de una sola unidad, usted será responsable de múltiples funciones – probablemente todas las que están en la lista de arriba, con excepción de la contabilidad; usted necesitará un contador externo desde el primer día. Eventualmente, contratará a su propio contador interno. El llevar a cabo estas funciones, le preparará para cuando usted crezca y necesite apoyo externo adicional, ya que le dará la base para saber qué esperar de dichos empleados.

Si usted es un propietario de franquicia multi-unidad, le puedo compartir que el número recomendado de tiendas por gerente de área está entre cinco y seis. Esto le permite al gerente de área estar en cada una de sus tiendas un día a la semana. Si hubiera más tiendas que la cantidad indicada, ellos no serían capaces de brindar la atención que las tiendas necesitan para avanzar y lograr los objetivos de la compañía. Por otro lado, usted no debe tener un gerente de área sino hasta que usted tenga por lo menos tres unidades. En este caso, el dueño del negocio es quien usualmente asume esa función. Cuando usted llegue a tres o cuatro tiendas, puede comenzar a considerar contratar o promover un gerente de área, de tal manera que usted se pueda enfocar en necesidades generales del negocio. Esto asumiendo que usted está planeando crecer más allá de sus tres ubicaciones.

Gerentes de unidad

Los gerentes de su negocio serán los que marcarán la pauta y establezcan la cultura en su franquicia. Si usted es el gerente de unidad, será relativamente fácil influenciar al equipo y guiarlos en la dirección que usted necesita. Si usted no opera su propia unidad, los gerentes se vuelven extremadamente importantes. Cada una de sus unidades deberá tener un líder claramente definido, la persona responsable de todas las actividades y resultados de la unidad. Esta es la persona a quien debe dirigirse por información e implementación. El gerente no puede abrir, cerrar y manejar todo el dinero cada día, por tanto, usted necesita asistentes que compartan esa responsabilidad. La cantidad de asistentes que haya bajo el gerente dependerá de las horas de operación, las necesidades de su negocio y el volumen de ventas.

La estructura promedio para una franquicia de comida con servicio de dos tiempos de comida es un gerente general y dos asistentes de gerencia (o gerentes de turno). Esto permite una cobertura apropiada para dos turnos al día, días libres y días de vacaciones.

Es un hecho comprobado que el gerente de unidad sea uno de los principales indicadores de éxito en el negocio. Si no es usted, asegúrese de escoger sabiamente: hará toda la diferencia del mundo para su negocio y su calidad de vida.

Una vez que usted tenga su equipo gerencial, es importante que continúe proporcionando capacitación y desarrollo más allá de lo que el franquiciante proveerá. El éxito de su negocio y su calidad de vida depende de ello.

Personal de unidad

El personal de su unidad son los miembros del equipo que trabajan en las operaciones de su negocio a diario. Los restaurantes y negocios que tienen una cantidad significativa de actividades de preparación y cocina separarán las actividades operacionales entre la parte posterior (preparación y cocina) y parte delantera del establecimiento (servicio). El número de miembros del equipo necesario dependerá de las horas de operaciones, necesidades del negocio y volumen de ventas.

Su franquiciante proveerá las directrices detalladas sobre cuánto personal usted necesitará para manejar su negocio apropiadamente y los diferentes puestos que necesitan cubrirse y cómo. Será críticamente importante que usted entienda esto y aprenda como dotar de personal su unidad de la manera más eficiente posible.

Proceso de 6-pasos para tener las personas CORRECTAS en las funciones CORRECTAS

El seguir el proceso de 6-pasos no garantizará que todos sus problemas de contratación de personal desaparecerán, pero seguramente le ayudará a enfocarse y contratar solo las personas que, después de un proceso estructurado de entrevista, serán los que le hagan sentir más seguro.

Más importante aún, una vez se establezca el proceso, usted necesitará seguirlo con disciplina extrema. Mientras más disciplinado sea, mayor será su nivel de éxito a lo largo del tiempo.

El contratar a miembros del equipo no es una acción que usted toma solo cuando usted se da cuenta que está corto de personal. El secreto de nunca quedarse corto de personal es que usted haga la tarea de encontrar muy buenas personas, una actividad diaria, aun cuando su personal esté completo. Sabemos que en nuestra industria, la rotación de personal es una realidad, y si usted siempre está a la búsqueda de buenas personas, nunca perderá la oportunidad de hacer una buena contratación porque usted piense que no los necesite.

1. Perfil detallado de empleado

El primer paso para encontrar a las personas correctas y asignarlos a las funciones correctas es definir claramente a quien busca. Mientras más detallado pueda ser usted, mejor. Escriba una lista de las características, habilidades y grado de experiencia que usted quiere para cada puesto que está tratando de cubrir. Usted querrá incluir expectativas de salario, disponibilidad y grado de flexibilidad sobre las funciones que ellos tomen dentro del negocio.

Esta lista de características y deseos conformará el perfil deseado para ese puesto. Asegúrese de tener un perfil para cada puesto distinto que usted alguna vez necesitará llenar.

A menos de que usted tenga una operación muy grande, los miembros de su equipo muy probablemente desempeñen varios cargos. De hecho, mientras más pequeña sea la operación, más generalistas querrá usted que sean – esto significa que todos necesitan aprender cómo hacer todo. Esto es lo que le dará a usted la mayor flexibilidad y menor costo laboral cuando haga su horario.

Cuando construya el perfil, usted querrá definir las características no negociables, así como las características sobre las cuales usted puede ser flexible. Por ejemplo, si estar disponible para el trabajo cada viernes por la noche es una necesidad y no es negociable, entonces usted *nunca* contratará a alguien que no esté dispuesto a aceptar esto. Por otro lado, usted puede tener un requerimiento de "no tatuajes" pero está dispuesto a hacer una concesión si un candidato es capaz de cubrir sus tatuajes al llevar puesta una camisa de manga larga.

Mientras más detallados sean los perfiles, usted será más capaz de encontrar a las personas correctas. Usted estará usando varios de los elementos en dichos perfiles en sus anuncios publicitarios de reclutamiento. Sí, tomará mucho más tiempo encontrar a su equipo – pero será el equipo *correcto*.

NOTA: Asegúrese de nunca discriminar con base en la raza, color, religión (credo), género, expresión de género, edad, nacionalidad (ascendencia), discapacidad, estado marital, orientación sexual o trabajo militar.

2. Reclutamiento

En esta época de tecnología digital y comunicación instantánea, tiene sentido reclutar usando los medios sociales. También le será más provechoso limitar su reclutamiento fuera de las redes sociales a comunicaciones en su local (tanto con su personal y por medio de rótulos en el vestíbulo).

A los amigos les gusta trabajar con amigos. Si usted implementa algún tipo de programa de incentivos para referidos de empleados, usted probablemente obtendrá más empleados como los que usted tiene – y si tiene excelentes personas, eso es una victoria. Si su equipo aún no está donde usted quiere que esté, entonces espere hasta que lo esté para ofrecer ese programa de incentivos, porque usted no quiere atraer más personas como las que usted no quiere tener más.

Hay muchos sitios de reclutamiento en línea que funcionan bien. El reclutamiento en línea no es muy costoso y tiene mucho alcance. A continuación, una lista de algunos sitios que existen desde hace algún tiempo. Usted puede probar usarlos y también busque algunos que sean locales en su área:

☐ www.Snagajob.com
☐ www.ziprecruiter.com

☐ www.monster.com

☐ www.indeed.com

Para cada uno de estos sitios en línea, es importante que usted explique claramente el trabajo, sus expectativas y el perfil de la persona a la que busca. A usted le irá mejor pagando un poco extra para tener suficiente espacio para describir lo que busca y lograr una mejor contratación. Esto aumentará la calidad de los candidatos que respondan y hará mucho más eficiente el tiempo que usted invierta en entrevistas.

Cuando haga su formulario de solicitud, asegúrese de que éste sea tan completo como sea posible. Mientras más conozca usted sobre el candidato antes de la entrevista, será más rápido determinar si él está calificado para su organización. Usted podrá conseguir muchos formatos en línea que pueda utilizar como punto de partida. Yo recomiendo que incluya una sección de prueba de matemática básica, servicio al cliente y orientación de equipo. Mientras más información tenga, mejor. Una vez usted tiene una versión de la solicitud que a usted le guste, asegúrese de que su abogado lo revise para cersiorarse de que usted no esté infringiendo alguna ley de contratación.

3. Entrevistando

Antes de que usted comience una entrevista, revise la descripción del puesto de trabajo y el perfil de la función para la cual está usted por entrevistar para asegurarse de que esté enfocado en las expectativas y características correctas. El entrevistar es un arte. El aspirante siempre muestra su mejor comportamiento. Ellos harán y dirán todo lo que puedan para asegurarse de dar una impresión positiva, pero depende de usted identificar si esta persona realmente está calificada para el puesto y sus características generales positivas y negativas, valores, alineamiento con su organización, confiabilidad y el grado en el que esté orientado hacia servicio al cliente, o sea, alguien que trabaja bien en equipo.

Una de las mejores formas de contestar algunas de estas preguntas es a través de entrevista conductual, que le permite al aspirante proporcionar ejemplos (los cuales deben ser reales) de situaciones en las que ellos demuestren las características que usted busca. Si usted está entrenado en este formato de entrevista, puede escarbar profundo en el conocimiento, creencias y valores del aspirante.

Aquí muestro la diferencia en las preguntas:

☐ *Tradicional*: Dígame, ¿cuáles son sus fortalezas?

☐ *Conductual*: Comente sobre algún momento en el que tuvo que ocuparse de una queja de un cliente. ¿Qué sucedió? ¿Qué hizo usted? ¿Cuál fue el resultado? ¿Qué haría usted distinto ahora?

Conforme usted conduce las entrevistas, recuerde escribir tantas notas como sea posible para que pueda recordar las respuestas del aspirante y compararlas apropiadamente con las de otros candidatos con el fin de realizar la contratación correcta.

Parte del proceso de entrevista es realizar el chequeo de los antecedentes de desempeño y referencias. Nunca saltearse este paso. Una vez usted tenga a los finalistas, y antes de que haga una oferta, revise las referencias y antecedentes del candidato. Esto será una inversión de dinero y tiempo adicional, pero usted se sorprenderá de cuánto aprenderá del individuo si lo hace. Para poder realizar un chequeo de antecedentes, necesitará obtener el permiso del aspirante. Asegúrese de que este permiso sea parte de su formulario de solicitud.

4. Contratación

Una vez usted ha completado la etapa de la entrevista y crea haber encontrado al candidato correcto para el puesto correcto, usted hará la oferta. Es importante que el aspirante entienda la importancia de la decisión de contratación. La mejor forma de comunicarlo es hacer la oferta en persona cuando sea posible, y presentar la oferta por escrito, aun cuando sea en un formato estándar.

La carta de oferta debe indicar la posición y salario que se ofrece, las horas de disponibilidad que se esperan, la expectativa de uniforme básico estándar y cualquier otro elemento que usted considere pertinente para que el aspirante tome una decisión de aceptar o no esa oferta. Le servirá a usted dar al aspirante por lo menos 24 horas para que considere su oferta antes de que tome su decisión. Si el candidato acepta la oferta, debe devolver la carta de oferta firmada, la que formará parte del expediente junto con su aplicación completa y cualesquiera otros documentos de contratación relevantes.

Después de que la oferta sea aceptada, el aspirante-ahora-empleado necesitará completar toda la documentación legal requerida para hacer oficial la contratación.

Al finalizar la reunión, el empleado nuevo debe recibir instrucciones por escrito que incluyan la fecha de su primer día de trabajo, la persona a quien deberá reportarse y a qué hora. También puede ser beneficioso proporcionarle el itinerario de su primera semana para que sepa que esperar.

5. Orientación

La orientación es la etapa de la contratación de las personas *correctas* donde la mayoría de los negocios hacen el peor trabajo. Muchas veces, el empleado recién contratado se presenta al trabajo solo para enterarse de que nadie sabía que él llegaría y nada está preparado para recibirlo. Ésta es la primera señal para él de que nadie muestra interés en él. En su mente, ya está decepcionado y cuestionando su decisión de unirse a la compañía.

El crear una excelente primera impresión es sencillo y es el primer paso para retener al empleado nuevo. Usted ha invertido mucho tiempo y dinero para llevar a este miembro del equipo a este punto; el hacer solo un poco de esfuerzo extra para incorporarlo apropiadamente no es solo fácil sino muy impactante.

Aquí hay un ejemplo de cómo debe verse el primer dia del empleado nuevo:

☐ El gerente informado y a la espera del nuevo miembro del equipo

☐ El uniforme listo (pregunte por la talla en la reunión de contratación)

☐ Introducción al equipo

☐ Proporcionar agenda de capacitación

☐ Proporcionar agenda de la primera semana (si no lo obtuvo el día en el que aceptó la oferta)

☐ Recorrido por el local

☐ Asignación a un "compañero"

☐ Orientación sobre la compañía y la marca

☐ Revisar el producto, servicio, imagen y estándares de seguridad

☐ Revisar el manual del empleado (y solicitar su firma)

☐ Completar cualesquiera documentos de la compañía

☐ Tiempo de Preguntas y Respuestas
☐ Probar alguno de los productos
☐ Si usted verdaderamente quiere hacer una buena impresión, dele un pequeño obsequio de bienvenida

6. Capacitación

El último paso de tener las personas *correctas* en los puestos *correctos* es capacitar al nuevo empleado. La capacitación es muy importante porque si usted entrena a sus empleados apropiadamente, se sentirán capaces en el trabajo que se espera realicen. No se apresure con la capacitación para ahorrar dinero. Su franquiciante proporcionará todas las herramientas que usted necesita para hacer un excelente trabajo. Haga uso de dichas herramientas, siga su plan y el proceso será fácil.

El sentirse capaz de hacer el trabajo y hacerlo bien, contribuye a tener una experiencia positiva en el trabajo. El sentirse de esta manera, especialmente junto a un gran líder, será la mejor garantía de aumentar la retención de personal entre su equipo.

Entrevistas de salida

La rotación de personal es una realidad en la industria de franquicias, y mas aun en restaurantes. Pero yo considero que no tiene que ser tan alta como lo es. ¿Cómo es que algunos franquiciatarios manejan sus negocios con la mitad de la rotación que otros? En muchos casos se debe a que ellos aplican las mejores prácticas que yo he incluido en este libro.

Si usted quiere saber qué cambios puede implementar de manera inmediata para mejorar su negocio, debe llevar a cabo entrevistas de salida con cada miembro excelente del equipo que deja su compañía por otro puesto, y preguntarles la razón por la cual se retiran. Este ejercicio, si se hace bien, le permitirá entender las áreas que usted necesita atender primero, ayudándole a ocupar su tiempo haciendo las cosas que tendrán el mayor impacto.

APROVECHE A SU FRANQUICIANTE

Algunas marcas brindan alguna orientación de incorporación, la que usted podrá utilizar como base para crear su propio proceso de la compañía. Si su marca no la proporciona, contacte a colegas franquiciatarios y capte cualesquiera mejores prácticas para incorporar apropiadamente a miembros del equipo.

Estos son los tipos de herramientas por las cuales usted podrá preguntar a sus colegas franquiciatarios:

- Formularios de Solicitud
- Agenda de orientación
- Agenda de capacitación
- Muestra de manual del empleado
- Formatos de entrevista de salida

Todas las marcas tendrán programas de capacitación. Estos programas de capacitación permiten a los franquiciatarios entrenar al equipo para que ejecuten la marca de acuerdo con los estándares. Aproveche todos los materiales proporcionados y prepare a su nuevo empleado para el éxito.

CAPÍTULO 4

Cuide a su gente

"Las ganancias son el aplauso que usted obtiene
por cuidar a su gente."

–KEN BLANCHARD

Hay momentos en los que pensamos que tenemos un problema y tratamos todo tipo de cosas para resolverlo, y no nos damos cuenta de que nos estamos enfocando en el aspecto equivocado del mismo. Tal fue el caso para Karla, uno de mis clientes. Ella me llamó para que le ayudara a resolver un problema de contratación de personal en su organización. Karla estaba convencida de que su equipo no estaba contratando personal lo suficientemente rápido y quería que yo les ayudara a elaborar una estrategia sobre nuevas formas y lugares de donde reclutar y contratar al personal que necesitaban.

En nuestra industria, la contratación y retención de personal es uno de los mayores retos, y es prudente siempre estar contratando para que usted esté preparado para cubrir las posiciones tan pronto como éstas estén vacantes. Sin embargo, después de estudiar los esfuerzos de reclutamiento en la organización de Karla y el número de personas que ellos estaban contratando cada mes, me resultó claro que el problema no era el no contratar suficientes personas, sino que muchos estaban renunciando. El índice de rotación de personal de la franquicia era 50% mayor que el promedio de la industria del servicio de comida.

Después de ese hallazgo, mi enfoque cambió a comprender la razón por la cual los empleados estaban renunciando. En esa búsqueda, descubrí que por lo menos la mitad de la rotación ocurría en los primeros días después de ser contratados, y era resultado directo del hecho de que la compañía no tenía un proceso claro de incorporación para darle la bienvenida a los nuevos empleados al equipo. Junto con los líderes de la franquicia, elaboramos un plan que la compañía podría implementar consistentemente y mostrar a los nuevos miembros del equipo lo mucho que la compañía se interesa en ellos. La implementación consistente de este programa redujo la rotación significativamente y permitió a la compañía incrementar su contratación a niveles aceptables.

El alto costo de la rotación de personal

Nosotros rara vez cuantificamos el costo de la rotación de personal. Normalmente solo pensamos en el costo de rotación como el dinero invertido en anuncios de reclutamiento, la entrevista y el tiempo invertido por las personas que llevan a cabo las contrataciones. Sin embargo, el costo de rotación va más allá de eso. Hay algunas personas que lo han cuantificado, pero el costo es diferente de una franquicia a otra y de una marca a otra. Aún así, si usted se toma un momento y piensa en todas las cosas que son impactadas financieramente por la rotación, usted verá como los dólares se van sumando, especialmente en cosas que nosotros ni siquiera notamos. Abajo algunas cosas que son impactadas:

☐ *Anuncios de reclutamiento* – El publicar anuncios una y otra vez y el tratar de encontrar a las personas correctas, puede ser muy costoso.

☐ *Tiempo de contratación y entrevista* – Los gerentes que realizan la contratación ocupan su tiempo haciéndolo en lugar de administrar el negocio.

☐ *Gastos de incorporación* – Aun cuando tenga un programa muy simple de incorporación, usted está invirtiendo dinero en la labor de la persona que está haciendo la incorporación y en todos los documentos que usted tiene que completar.

☐ *Uniforme* – Cada vez que usted tenga empleados nuevos, usted tiene que invertir en el suministro de uniformes.

☐ *Capacitación* – Tan pronto como nuevos miembros del equipo son contratados, ellos necesitarán ser capacitados en su trabajo y en tantas posiciones como sea posible.

☐ *Materiales de capacitación* – Como mínimo, usted estará proveyendo al miembro del equipo recién contratado un manual de empleado. En algunas franquicias, cada miembro del equipo recibe sus propios materiales de entrenamiento, especialmente los gerentes.

☐ *Desperdicio* – Mientras los empleados se están capacitando, ellos están creando o usando productos para practicar. Muchos de esos productos probablemente tendrán que tirarse porque los aprendices tienden a cometer errores.

☐ *Ventas* – Por lo menos durante el período de capacitación, su nuevo empleado podría cometer otro tipo de errores, reduciendo la eficiencia y resultados, potencialmente, en insatisfacción del cliente. Esto puede causar pérdida de ventas.

☐ *Costos laborales* – Todos los costos laborales del empleado durante la incorporación, entrenamiento y los primeros días mientras él aún está aprendiendo su trabajo, pueden considerarse un costo, debido a que el empleado todavía no es completamente eficiente en su trabajo y usted necesita a otros que le cubran hasta que pueda trabajar de manera independiente.

☐ *Estado de ánimo del equipo* – Cada vez que un empleado renuncia, aun cuando no son apreciados, provoca un desbalance en el equipo y todos se ven afectados por el cambio. Este estado afectivo se torna complejo si el empleado era apreciado y/o los compañeros de trabajo perciben que ocurrió una injusticia, aun cuando ellos no conocen todos los hechos.

Todo lo anterior se refiere a los costos conocidos de rotación. Hay muchos otros costos que nosotros no podemos cuantificar o podemos no estar conscientes de ellos. Estos son los costos que ocurren entre el momento en el que el empleado decide renunciar y cuando en realidad se retira.

Como usted puede ver, la rotación puede ser un problema muy costoso y como líder de la organización, es importante que haga todo lo que esté a su alcance para mantener los costos de rotación tan bajo como sea posible, no solo para ahorrarse usted esos gastos, sino que también para mantener el estado de ánimo del equipo y generar clientes satisfechos cada día.

Calcule la Rotación de Personal

Es importante conocer su índice de rotación porque si lo conoce en cualquier momento dado, usted sabrá si está mejorando o no. Usted debe medir su porcentaje de rotación cada mes y tener un número anual. A continuación, la fórmula:

$$\% \text{ de Rotación} = \left[\frac{\text{\# empleados al principio} + \text{\# empleados contratados} - \text{\# empleados al final}}{\text{\# empleados al principio}} \right] \times 100$$

El resto de este capítulo le dará los elementos básicos que usted necesita tener para cuidar de su gente e incrementar la retención.

Llene sus necesidades

Hay necesidades básicas de cada empleado. Como el líder y dueño del negocio, es su responsabilidad satisfacer esas necesidades.

Si usted cubre las necesidades básicas, su personal prosperará y le sorprenderá cada día.

Págueles de manera justa

La forma más importante con la que usted puede demostrar cuanto le interesa su gente es por medio de un pago justo. A como de lugar, los empleados siempre averiguan lo que se les paga a otros. No será un secreto sin importar qué tanto lo intente mantener. Asegúrese de que, si hay una diferencia de salario, todos entiendan la razón de ello.

En el Capítulo 9, usted encontrará los distintos elementos que determinan como remunerar a un empleado. Si usted crea y sigue un proceso consistente y justo para determinar el salario de los empleados, este no será una causa de insatisfacción en el personal. A continuación, algunas guias:

- ☐ Todos deberán iniciar en la misma posición con el mismo salario inicial a menos que ellos tengan y demuestren experiencia comprobable.

- ☐ Tenga un gráfico escalonado de salarios basado en dificultad y responsabilidad del trabajo.

- ☐ Proporcione un Sistema para la obtención de incrementos. Esto puede ser con evaluaciones y/o completando capacitación adicional.

- ☐ Otorgue incremento de salario por mérito y no por antigüedad o favoritismo.

- ☐ Sea competitivo con negocios vecinos y su competencia.

Capacítelos bien

La segunda cosa más importante que usted puede hacer para demostrar a su gente cuánto se interesa por ellos es proporcionarles la capacitación que ellos necesitan para sentirse competentes en sus trabajos. La excelencia llega solo con el tiempo y la práctica, pero después de que la capacitación inicial está completa, es importante que los empleados se sientan capaces de ejecutar la tarea que se espera de ellos. No hay nada peor que ser lanzado a un trabajo del cual no estás seguro cómo ejecutarlo, cometiendo un error, y luego ser amonestado por cometer el error.

Hay franquiciatarios que deciden que cuesta demasiado dinero darle a un empleado una capacitación detallada, especialmente en negocios en los cuales la rotación de personal es alta. Pero es muy probable que la rotación sea alta debido a que los nuevos empleados se sienten incapaces de realizar el trabajo debido a la poca capacitación – y renuncien debido a ello. Piense cómo se sentiría usted si después de invertir en la adquisición de una franquicia, la marca no le capacitara / entrenara a usted y su equipo exhaustivamente en cómo manejarla. No solo se sentiría perdido, sino que también se sentiría abandonado y muy insatisfecho con la marca. La única razón por la cual usted no la devolvería sería por la enorme inversión de tiempo y dinero que usted ya ha realizado. Para su personal no es tan difícil. Ellos simplemente renuncian y aplican para trabajar en el negocio vecino, porque es probable que también estén contratando.

Cuando se trata de capacitación, el objetivo es darle a su gente la habilidad que necesita para sentirse como un colaborador positivo en su trabajo. Si su capacitación hace eso, usted está haciendo un buen trabajo.

Promuévalos

La tercera cosa más importante que usted puede hacer para hacerle saber a su gente que usted se interesa por ellos es proporcionarles una trayectoria por medio de la cual ellos pueden crecer dentro de su compañía. Es su trabajo como líder identificar a esos empleados a quienes les encantaría la oportunidad de crecer y convertirse ellos mismos en líderes. Algunos de ellos estarán listos en pocos meses; a algunos otros les puede llevar años. Pero siempre y cuando usted los identifique y brinde un camino definido sobre cómo llegar del punto A al punto B, ellos serán leales.

Para algunos negocios pequeños en los que la rotación es muy baja a nivel gerencial, puede significar que eventualmente usted tendrá que permitir dejar ir a algunas de esas grandes personas para que ellos se conviertan en líderes – con la esperanza de que sea con un colega franquiciatario de la marca.

Incentive el buen comportamiento

Hay muchas maneras de incentivar el buen comportamiento. Aunque el aumento de salario es agradable, definitivamente no es la única forma. A continuación, hay algunos de los incentivos que se tienen que tener y otros sería bueno tener para su personal:

☐ *Evaluaciones para el incremento de salario* – Yo recomiendo que usted realice evaluaciones para el incremento de salario cada seis meses. Debido al alto nivel de rotación, el proporcionar retroalimentación y reconocimiento oportuno puede ser una herramienta de retención y motivación. Tómese el tiempo para hacerlo con cada empleado, y hágales saber sus fortalezas y debilidades. Ellos lo apreciarán.

☐ *Bonos a nivel gerencial* – El tener un plan de negocios y operaciones definido, con objetivos mensuales y semanales, le proporciona a usted todos los elementos básicos que pueden ser parte del plan de bonos para sus gerentes. Idealmente, usted pagará dichos bonos por lo menos cada trimestre. Esto mantendrá a sus gerentes motivados y enfocados en alcanzar los resultados que les haga obtener más dinero.

☐ *Bonos a nivel de empleados*– Usualmente los bonos se reservan para los gerentes, pero no hay razón por la cual usted no pueda proponer algún tipo de meta que todo el equipo pueda trabajar para lograrla. y si se alcanza, todos obtienen un bono. Usted se sorprendería de lo que sucede con el poder de EQUIPO.

☐ *Concursos* – Usted puede tener un concurso entre cajeros o meseros por el *ticket* promedio más alto. Entre los repartidores, por ser el más rápido en doblar las cajas de pizza. Entre los cajeros de autoservicio, por el tiempo más rápido en el autoservicio, etc. Como usted puede ver, se le pueden ocurrir muchos concursos diferentes y divertidos que no solo pueden hacer el trabajo más agradable, sino que también le puede ayudar a usted a lograr los objetivos de su negocio.

☐ *Globos y dulces* – Los incentivos no tienen que ser costosos. Una de las maneras más divertidas y satisfactorias que he visto utilizar para reconocer logros en restaurantes fue cuando Joe, uno de mis clientes, llevó un ramillete de globos con helio y dos bolsas con dulces. Él los colocaba sobre una mesa donde todos en el restaurante lo pudieran ver, a la par de una nota que explicaba exactamente lo que ellos hicieron para ganarse el reconocimiento. Después, el ocuparía algunas horas en la tienda, tomándose el tiempo para estrecharle la mano a todos y agradecerles por lo que ellos hicieron como equipo. Era divertido, era barato y era efectivo.

Proporcione los beneficios que usted pueda

No piense en beneficios solo en el ámbito de seguro médico y una pensión de retiro. Esos son los obvios, pero la realidad es que las compañías pequeñas como las franquicias de una unidad simplemente no lo pueden costear. Hay muchos otros beneficios que usted puede proporcionar que podrían ser igualmente efectivos, si no es que más, para disfrutar de una retención alta y lograr una moral alta en los empleados.

- *Oportunidad de ascenso* – No hay mayor beneficio que la oportunidad de crecer, aprender, desarrollarse, ser reconocido y ganar más dinero. Si usted proporciona eso a su gente, ellos se lo agradecerán. Nadie quiere preparar hamburguesas toda su vida.

- *Celebraciones de cumpleaños y aniversarios* – El tener un día al mes en el que usted celebre cumpleaños y aniversarios del mes con un pastel y una tarjeta personal es una forma económica para hacer saber a su gente que a usted les interesa.

- *Empleado del mes* – El crear una simple placa con un marco de $10 de Walmart y la impresión de la foto del empleado en la impresora de la oficina es una manera sencilla de reconocer a un individuo que está haciendo un buen trabajo, y esto puede motivar a otros para que ellos puedan estar en ese marco el siguiente mes. Es importante que en algún lugar bajo la foto usted explique exactamente la razón por la cual dicho individuo fue elegido, de esta manera todos tendrán clara la razón por la cual fue premiado y reconocido.

☐ *Celebración de fin de año* – Al finalizar el año, el tener una celebración simple sin denominación para que todos se sientan incluidos y celebrar las fiestas o solo el término del año, es otra muy buena manera de hacerle ver a su equipo que está interesado en ellos. Puede ser algo simple como cerrar temprano un día y catering de una comida. El invitar a las familias de los empleados extiende la celebración y el reconocimiento a las personas que apoyan los miembros de su equipo.

☐ *Día de campo* – En el verano, usted puede tener un día de campo en un parque local, lo que no cuesta nada excepto por la comida e inversión en diversión. Usted puede hacer que el día de campo dure todo el día para que todo el personal de turnos pueda asistir alternándose, y también invitar a sus familias inmediatas para que ellos se sientan parte de su familia laboral.

☐ *Becas universitarias* – Esto puede ser algo tan simple como becas universitarias de $500 o $1,000 para los miembros del equipo que reúnan ciertos criterios como antigüedad, resultados de evaluación de desempeño, asistencia y/o un mínimo de número de horas laboradas al mes. Este puede también ser otro gran incentivo de retención para aquellos que están estudiando y haciendo un buen trabajo para usted.

☐ *Descuentos de comida* – Dado que estamos en el servicio de comida, solo sería apropiado que usted les proporcione a los miembros de su equipo el beneficio de descuento en la comida que ellos ayudan a preparar y servir a sus clientes cada día. Aún más, sería mejor si usted extiende el mismo o similar beneficio a sus familias inmediatas. No tiene que ser gratis, pero debería ser un descuento significativo.

Como usted puede ver, hay muchas maneras con las que usted puede brindar beneficios a sus empleados. Si usted tiene éstos, asegúrese de incluirlos en su manual del empleado, así como en la orientación de nuevo empleado. Estas son formas excelentes de atraer a nuevas buenas personas y demostrar que usted se preocupa por ellos, así como también provee motivación para que ellos permanezcan.

Es críticamente importante que usted no dé un incentivo o beneficio que no pretenda o es incapaz de mantener o mejorar de manera indefinida y consistente. El momento en el que cualquier beneficio o incentivo desaparezca debido a la falta de seguimiento o dinero, el estado de ánimo se viene abajo debido a la pérdida de confianza y motivación. No le puedo decir cuántas placas de "Empleados del Mes" he visto alrededor del mundo donde la última persona nominada había sido de algunos meses o a veces años antes, y aún así la placa aún estaba allí como recordatorio de que a alguien ya no le importaba. Esto significa que antes de que usted de algún incentivo o beneficio, haga un análisis de costos y esfuerzo para asegurarse de que usted puede costearlo y está dispuesto a darle continuidad. Esto no significa que usted no pueda dar un incentivo de corto plazo como un concurso, siempre y cuando el equipo sepa la fecha de inicio y fin, así como la meta para dicho incentivo.

Tenga procesos disciplinarios claros y consistentes

Un hombre sabio me dijo una vez, "Usted obtendrá abundancia de lo que usted tolere". El se refería al mal comportamiento de las personas. Si los miembros de su equipo no se comportan de acuerdo con su misión, visión, valores y principios, política de la empresa o estándares de la marca, usted necesita asegurarse de responsabilizarlos *cada vez*. El rigor de la acción disciplinaria debe estar alineado con la severidad de la infracción.

Algo más que debe mantener en mente es que sus empleados de alto rendimiento quieren estar rodeados de personas como ellos. Si usted tiene empleados que no cumplen sus estándares y usted no los responsabiliza, y espera que ellos mejoren, los empleados de alto rendimiento se irán. Por tanto, si usted no puede mejorar el desempeño de esos empleados usted tiene solo una opción: dejar ir a los que tengan bajo rendimiento o perder a los que hacen buen trabajo. Esa es la opción para la cual solo hay una respuesta si usted quiere tener un negocio próspero y un equipo de alto rendimiento. No acepte haraganes o mediocres – *nunca*.

El tener un proceso disciplinario al que usted le dé seguimiento constantemente, transmitirá un mensaje claro sobre el comportamiento que se espera y el que no será tolerado en su organización. Si usted le da seguimiento de la manera como usted lo diseñó, usted se sorprenderá de la forma en la que las personas permanecen dentro de los límites de sus expectativas. A menos que a ellos no les interese, en tal caso, usted pone en práctica un proceso para apartarlos de su compañía. Deberá ser así de simple. Hay ciertos elementos que su proceso disciplinario deberá tener. A continuación, algunos de ellos:

- *Inclúyalo en el manual del empleado* – El proceso disciplinario deberá estar descrito claramente en el manual del empleado. Cada empleado deberá firmar un formulario de recibido en el que se manifieste que ellos han recibido una copia del manual. De esta manera, no habrá duda de que ellos por lo menos lo tenían para revisarlo.

- *Revise el proceso durante la incorporación* – Mientras más rápido su gente esté consciente de las expectativas de conducta, mejor. Durante la incorporación, usted deberá revisar los aspectos más importantes y darle al nuevo miembro del equipo la oportunidad de hacer preguntas.

- *Revise las leyes laborales* – Una vez usted tenga definido el proceso disciplinario, deberá solicitar su revisión a un abogado con conocimiento en leyes federales y estatales con el objeto de asegurarse de que usted esté actuando legalmente.

- *Documentación* – Cada vez que un empleado es disciplinado, usted debe documentar la infracción en detalle con la consecuencia de lo que sucederá si una infracción similar ocurre de nuevo.

- *Firmado* – El formulario disciplinario documentado debe ser firmado por el empleado y el líder que lo presentó al empleado. En ocasiones los empleados se rehúsan a firmarlo, pero normalmente si un segundo administrador lo firma, éste sirve de testigo de que el formulario fue presentado y revisado con el empleado, eso es tan bueno como si el empleado lo firma. Revise sus leyes locales para asegurarse de que esto aplica en su estado.

☐ *Nivel de infracción* – Asegúrese de que la consecuencia para la infracción corresponda con su severidad. Por ejemplo, usted no debe despedir a alguien la primera vez que llega tarde al trabajo.

☐ *Consecuencias* – Debe haber consecuencias claras para cada infracción y escalación definida por su reincidencia.

☐ *Aplicación consistente* – Todo el que cometa la misma infracción debe recibir la misma consecuencia. Por ejemplo, usted no puede anotar a Joe por llegar tarde, y no hacer lo mismo con Peter solo porque a usted le agrada. Si usted no es consistente, puede enfrentarse con responsabilidades legales.

☐ *Despido con dignidad y respeto* – Si usted debe despedir a un empleado, asegúrese de tener un proceso para hacerlo que no solo garantice haya un testigo presente (preferentemente otro gerente), pero que usted lo haga con cuidado, dentro de la ley y teniendo en mente la dignidad del empleado. Usted está siendo observado y todo lo que usted haga importa.

Manténgalos a salvo

El tener a alguien de su personal que sea herido por un disparo durante un robo en el negocio no es algo que usted espera. Pero me sucedió a mí. Era solo mi segunda semana con la compañía. Yo era la nueva directora de operaciones y, como todos los líderes nuevos, yo estaba en medio de mi capacitación de operaciones de la marca. Yo no sabía que ese día iba yo a parar en la unidad de cuidados intensivos del hospital para averiguar cómo se encontraba mi gerente – un gerente que yo no conocía y cuyo nombre apenas sabía. Yo estaba parada afuera del hospital pensando en lo que yo tenía que hacer para asegurarme de que eso no volviera a ocurrir. No bajo mi supervisión. La buena noticia es que el gerente eventualmente se recuperó por completo y nadie resultó lastimado nuevamente bajo mi liderazgo.

Seguridad del personal

Una de las cosas de las que usted es responsable es la seguridad de su personal. Éste es un asunto serio y como tal, debe tomar las medidas para asegurar que usted hará todo lo que esté dentro de sus posibilidades para mantenerlos a salvo. Hay mucho que usted puede hacer, pero mantenga en mente que dependerá de usted el establecer estos procesos y asegurar de que estos sean seguidos. Algunos de los procesos de su negocio, sino se siguen, le pueden costar a usted las ganancias. Si los procesos de seguridad no se siguen, le pueden costar a usted la vida de una persona. Los siguientes son algunos (pero no todos) de los procesos de seguridad de personas que usted necesita poner en práctica. Puede haber otros dependiendo del tipo de negocio, edificio, ubicación, etc.

☐ *Chequeo de antecedentes* – No contrate a nadie sin haber validado sus antecedentes de manera meticulosa. Si usted no hace esto, usted está poniendo en riesgo a su equipo y negocio.

☐ *Zapatos antideslizantes* – El accidente número uno que ocurre en restaurantes es un resbalón-y-caída. El requerir que todos sus empleados utilicen todo el tiempo zapatos antideslizantes es una práctica común, pero no siempre es seguida. Cuando usted está en un restaurante, ponga empeño en revisar los zapatos de sus empleados y enviarlos de regreso a casa si no tienen el calzado apropiado.

☐ *Política de la puerta trasera* – Muchos robos ocurren a través de las puertas traseras. Asegúrese de tener una política sólida de puerta trasera que incluya tener una mirilla de seguridad y abrir la puerta solo durante el día.

☐ *Procedimientos de apertura y cierre* – Estos son los momentos más vulnerables para su negocio, muchas veces, las personas están solas. Siempre tenga a dos personas durante las horas de apertura y cierre de su negocio. Este sistema de "compañero" les ayudará a mantenerlos seguros, especialmente si su tienda está aislada.

☐ *Política de manejo de efectivo* – La mayor motivación de los robos es el acceso al efectivo. Revise el capítulo 10, "Siga al dinero", muy cuidadosamente, y asegúrese de que todos los procesos que minimizan el acceso a efectivo son implementados con estricta disciplina. Sólo toma un momento de descuido para poner a todos en riesgo.

Mientras más personas en su local sepan que no hay efectivo disponible, usted estará con más posibilidades de minimizar la posibilidad de un "robo desde dentro". La buena noticia es que, debido al uso prolífico de tarjetas de crédito, la cantidad de efectivo en las tiendas ha disminuido significativamente.

☐ *Capacitación* – Cuando en medio de una crisis, muchas personas entran en shock y no saben qué hacer. A menudo, actúan por instinto y algunas veces ese instinto les puede costar mucho. Es importante que usted claramente defina y enseñe los pasos necesarios a seguir en el caso de que surja una emergencia para que sus empleados sepan qué hacer. Asegúrese de que estos procesos sean parte de su manual del empleado si no están en el manual de operaciones de la marca.

☐ *Tolerancia cero* – Usted necesita ejercer tolerancia cero por romper sus políticas de seguridad. Una de las marcas de comida casual que yo conozco, despide a cualquier gerente que deje las instalaciones sin dejar a otro gerente en la tienda, aun cuando solo sea para cruzar el parqueo para adquirir un emparedado. No hay flexibilidad en dicha regla, por una buena razón.

Los policías son sus amigos. Cuando esté usted escribiendo las políticas de seguridad de su empresa, visite la estación de policía local y revise esas políticas con un oficial de policía. Él podrá guiarlo con relación a la mejor manera de proteger su negocio y probablemente tenga ideas que a usted no se le hayan ocurrido.

La otra persona a la que usted puede contactar para asistencia es a su agente de seguros, especialmente si ellos tienen experiencia en restaurants. Ellos pueden ayudarle a realizar una evaluación de riesgos, indicarle los tipos de accidente que ocurren y hacerle recomendaciones de cómo prevenirlos. Solo asegúrese de aplicar todo lo que aprenda – o su riesgo legal de responsabilidad aumentará.

Qué hacer en caso de un accidente

A continuación, hay algunas reglas generales sobre qué hacer en caso de que haya un accidente en su tienda. Esto es para accidentes como resbalones y caídas, cortadas, envenenamiento, etc. Añada cualquier cosa que usted piense sea apropiada y aprenda de los expertos.

1. Cuide del compañero de equipo. Llame al 911 (número de emergencia) si es necesario. Revise sus Hojas de Información de Seguridad (SDS, por sus siglas en inglés) si es necesario
2. Llame al supervisor (si no está en las instalaciones)
3. Llene un reporte de incidentes
4. Haga un plan de acción de lo que se hará para evitar que ese accidente/incidente se vuelva a repetir

Qué hacer en caso de un robo

A continuación, algunas directrices generales sobre lo que usted puede incluir en su capacitación de incidentes de robo. Añada cualquier otra cosa que usted piense sea apropiada y aprenda de los expertos.

1. No se resista – nada vale arriesgar su vida

2. Cuando el ladrón se retire – cierre la puerta
3. Llame al 911 (número de emergencia)
4. Asegúrese de que todos los miembros del equipo estén bien
5. Llame al dueño/supervisor (si no está en las instalaciones)
6. Tan pronto como pueda, escriba una declaración completa de todo lo que usted recuerde
7. Solicite hacer lo mismo a los miembros de su equipo si están dispuestos.
8. Comparta las declaraciones con la policía

APROVECHE A SU FRANQUICIANTE

Capacitación - Una de las mayores cosas que usted obtendrá como parte de su inversión en una franquicia será un programa completo de capacitación. No es solo un estándar requerido de su marca, pero a usted y su equipo les resultará provechoso si hacen el máximo uso del mismo y lo siguen exactamente de la manera propuesta. Lo más seguro es que esta capacitación solo incluya los estándares de la marca y los procedimientos operacionales. Usted podrá necesitar crear sus propios procedimientos por escrito para todas las tareas administrativas que su equipo, y especialmente sus gerentes, necesitarán para administrar su negocio de manera apropiada y consistente. Muy pocas marcas proporcionan esto.

Beneficios e incentivos - Busque al asesor de su franquicia y a sus colegas franquiciatarios de la marca y pregúnteles acerca de los incentivos y beneficios que ellos proveen a sus empleados. Estoy segura de que usted podrá reunir una larga lista de buenas prácticas de ellos.

Procedimientos de seguridad y protección - Algunas marcas tienen políticas de seguridad y protección que forman parte del manual de operaciones. Revíselos e implemente todos los que aplican a usted. Hágalos parte de sus procedimientos diarios. Algunas marcas tienen un departamento de seguridad y protección. Si lo tuvieran, utilícelos como mejores prácticas y guía en los procesos que usted debe implementar en su negocio para mantener a todos seguros. Busque a sus colegas franquiciatarios para ver si ellos tienen ideas adicionales que le hagan sentido a usted para su implementación. Usted no quiere tener un incidente y hasta entonces pensar sobre lo que usted pudo haber hecho mejor.

CAPÍTULO 5

Provea las herramientas necerarias

"Dele a las personas las herramientas necesarias y ellos construirán las cosas más extraoridinarias."

~ NEIL GERSHENHELD

Como profesional en la industria de franquicias, yo siempre he sabido la importancia de tener un gran lugar para trabajar con equipo en buenas condiciones y las herramientas y recursos para hacer un buen trabajo. Yo no sabía que tan importante eran estas cosas para los empleados sino hasta que conocí a Joe. Joe era uno de los asistentes de gerencia de mi cliente. Él era uno de los mejores asistentes de gerencia que yo haya conocido. Yo siempre esperaba verlo cuando visitaba su restaurante. Él se enorgullecía mucho de su imagen. Él siempre tenía una sonrisa y parecía estar muy feliz de estar allí. Su equipo siempre estaba alrededor de él haciéndole preguntas y manteniéndolo informado. ¡El manejaba todas las situaciones con gran facilidad y los clientes estaban encantados con él! Yo ansiaba verlo porque él me facilitaba el seguimiento del progreso de las cosas en las que yo estaba trabajando con el franquiciatario. Joe podía articular apropiadamente dónde se encontraban ellos en el proceso y lo emocionado que él estaba al ver los cambios que estaban sucediendo.

Durante una de mis visitas, él me detuvo y dijo, "yo quería agradecerle por motivar a Mark para comprar la nueva mesa refrigerada. Yo le he estado diciendo durante algún tiempo que no solo hacía difícil trabajar con los productos debido a las temperaturas fluctuantes, sino que también nosotros continuábamos desperdiciando comida ya que no estaba trabajando apropiadamente."

Me sorprendió por lo claro que él estaba de las consecuencias de tener este equipo trabajando inapropiadamente. Por esa razón y muchas más, abordar el tema del equipo con mis clientes es una de las cosas que yo hago. Él dijo entonces algo que me permite ver la importancia que esto tenia para el estado de ánimo del equipo: "Es muy desmotivante trabajar duro y darlo todo cuando usted no tiene las herramientas para mostrarlo. Por ello fue que dejé mi último trabajo. El dueño del restaurante se rehusaba a comprar los cucharones y cucharas que necesitábamos para servir helado, y nosotros teníamos que lavar y reutilizar cucharones a medio turno o usar las herramientas equivocadas solo para poder pasar la hora pico. Ahora veo los cambios que están sucediendo aquí. Si continúa yendo como hasta ahora, yo me puedo ver aquí por un largo tiempo."

Después de esa conversación, yo estaba impactada de que su jefe anterior hubiera querido dejar ir a alguien tan excelente como Joe por algo como no gastar unos pocos dólares en cucharas y cucharones para servir helado. Simplemente no tenía sentido. Mi cliente, Mark, comprendió el proceso por el que estábamos atravesando para mejorar su negocio y yo estaba confiada en que Joe estaba en buenas manos. Muchas veces perdemos a personal bueno y no sabemos la razón. A veces es porque no les brindamos el ambiente de trabajo, herramientas y recursos para hacer el trabajo en la forma que lo esperamos y como ellos lo quieren hacer. El ahorrarse unos pocos dólares puede acabar costándole miles en rotación de personal, desperdicio de comida y reducción de calidad.

El tener un buen lugar para trabajar tiene mucho que ver no solo con la manera como tratamos a nuestros empleados, sino que también con el ambiente que les proporcionamos para hacer su trabajo. Les podemos dar las herramientas y ambiente para prosperar, o el ambiente para fracasar y hacer que deseen renunciar. El crear un excelente lugar de trabajo requiere de esfuerzo, inversión y compromiso, pero el retorno de dicha inversión puede dar increíbles resultados.

¿Nuevo o usado?

Muchos dueños de negocios nuevos se encuentran haciéndose esta pregunta cuando están calculando su presupuesto para un nuevo local o cuando se enfrentan con el alto costo de reemplazo de equipo.

Yo recomendaría que cuando usted esté abriendo su primera unidad, compre todo el equipo nuevo. Las razones para esto son:

☐ Usted es nuevo y no está familiarizado con el equipo.

☐ Usted no quiere tener que ocupar tiempo coordinando la reparación de equipos cuando usted necesita estar aprendiendo su negocio y atender a sus clientes y su equipo.

☐ Usted no quiere tener equipo dañado y no tener productos disponibles para los clientes porque su equipo no está funcionando.

☐ Usted no quiere tener desperdicio en exceso porque los refrigeradores, congelador y equipo para cocinar no pueden alcanzar las temperaturas apropiadas y la comida se dañe.

Después de que usted abre su primera unidad y está completamente familiarizado con el equipo, así como sus usos, importancia y funcionalidad, usted tendrá suficiente información para determinar si comprar nuevo o usado hace sentido. Algunas veces lo es, pero la mayor parte del tiempo no lo es.

Qué esperar del equipo usado

Si se encuentra usted considerando equipo usado, estas son algunas de las cosas que usted necesita considerar:

☐ *Calidad* – No todo el equipo es fabricado de la misma manera. Hay algunas marcas que fabrican su equipo para que duren y como resultado, usted tiene menos riesgo al comprar usado. Asegúrese de que la reputación del equipo para ser duraderos es sólida. Busque en línea y mire muchas críticas de diferentes fuentes.

☐ *Garantía* – Averigüe si el vendedor o la compañía de donde usted compra le brinda algún tipo de garantía, aun si es solo tres o seis meses. De esa manera, usted sabrá que ellos lo respaldarán por lo menos por un tiempo, mientras tanto mantenga esta información a la mano para que usted pueda hacer uso de ella si fuera necesario.

☐ *Disponibilidad de servicio/partes* – Asegúrese de saber quién le puede dar servicio a su equipo y que las partes sean fácilmente accesibles. El equipo evoluciona rápidamente y aun el equipo que tenga dos o tres años puede ser obsoleto y ser costoso de reparar porque la marca podría haber cambiado a un modelo totalmente diferente y ahora las partes son difíciles de conseguir.

☐ *Costo de reparaciones* – Si este equipo se daña, averigüe cuánto costará realizar reparaciones comunes. ¿Cuántas reparaciones necesitará usted realizar antes de que sus ahorros se acaben?

☐ *Tiempo de vida* – Investigue sobre la expectativa normal de vida del equipo. Usted puede obtener un buen precio, pero si el equipo ya tiene cuatro años y el promedio de expectativa de vida es cinco años, entonces usted solo está comprando un año de vida del equipo, por lo que este equipo no debería costar más del 20% del precio original.

☐ *Retorno de inversión* – ¿La cantidad de dinero ahorrada amerita los potenciales dolores de cabeza que puede traer el comprar equipo usado? Solo usted lo puede decidir.

☐ *Seguridad* – Algunos equipos, conforme están llegando al final de su tiempo de vida útil, pueden presentar riesgos de seguridad. Cosas como alambres expuestos, bordes afilados o piezas rotas pueden provocar lesiones serias a sus empleados y arriesgar la seguridad de la comida. Antes de comprar cualquier equipo usado, asegúrese de revisar que no presente posibles riesgos de seguridad.

Los Porqué

Hay un porqué en cada decisión que la marca hace cuando ellos definen su menú, recetas, procedimientos, equipo, utensilios, diseño del edificio, etc. Todo tiene un porqué. Esa es la belleza de comprar los derechos a la marca. Ellos han invertido tiempo y recursos, así como realizado pruebas y toda la investigación para decidir sobre cada cuchara para servir helado, cucharón, refrigerador, freidora y procedimiento que elabore su producto. Créame, Yo sé. Yo fui parte de ese equipo para dos marcas globales.

Algunos del porqué tienen que ver con eficiencia y productividad, mientras que otros tienen que ver con la seguridad de los productos o del empleado. Muchos porqués están relacionados con la habilidad de preparar el producto con consistencia y velocidad. Otras veces los porqués tienen que ver con los costos y durabilidad del equipo, facilidad en el mantenimiento, garantías y servicio.

Antes de que usted considere la idea de cambiar algo, consulte el manual de operaciones de la marca, a su asesor de franquicia o incluso colegas franquiciatarios y averigüe el porqué es así. Ese conocimiento le convencerá de no cambiar nada o le inspirará a hacer recomendaciones. Su éxito le conviene a su franquiciante y ellos tomaron cada decisión para hacer crecer y proteger la marca. Si la marca está protegida y crece, su negocio crece con ella.

La importancia de los utensilios

Los utensilios son todas las herramientas pequeñas necesarias para cuidar, procesar, preparar, almacenar, cocinar, hacer porciones, ensamblar y presentar el producto al cliente. Cada pequeño utensilio tiene su propósito y muchos de ellos tienen dos o más propósitos. Por ejemplo, digamos que usted tiene papas fritas en su menú. Éste es el pequeño listado de herramientas que usted puede necesitar para poner el producto en manos del cliente:

1. *Pesa* – Pesar las bolsas de papas sin cocinar y asegurarse de que no haya déficit.

2. *Termómetro* – Para asegurarse de que las papas estén congeladas. Si las papas se descongelan, usted se arriesga a que se dañen y desperdicien. Usted toma nota de la temperatura del producto al recibirlo y mantiene termómetros adicionales en el congelador para asegurarse de que la temperatura sea constantemente la correcta.

3. *Canasta freidora* – La canasta freidora es dónde usted coloca las papas para introducirlas en la freidora, sacarlas y verterlas en la estación de retención.

4. *El Salero* – Éste es utilizado para echar la sal sobre las papas.

5. *Tenazas* – Para recoger las papas fritas de la estación de retención y colocarlas en las bolsas de papas fritas o sobre el plato.

¿Habrá algún utensilio de estos del que usted piense puede prescindir y aún producir papas fritas de alta calidad de forma segura y consistente?

Éste es un ejemplo, y las papas fritas es uno de los productos que usan la menor cantidad de utensilios y usted puede ver cómo cada herramienta es crítica para la entrega de papas fritas a las manos del cliente. Es importante que usted siempre tenga los utensilios pequeños correctos en la cantidad necesaria para que estén donde los necesite, o usted se arriesgará a que los empleados utilicen las equivocadas y a tener problemas de eficiencia y costo.

Matenimiento del equipo

De la misma manera como su vehículo necesita cambios de aceite, afinamientos y revisiones de líquidos, el equipo de su negocio necesita mantenimiento regular. Como con su vehículo, el tener un plan de mantenimiento consistente extenderá la vida de su equipo y también reducirá el malfuncionamiento del mismo. Usted no puede contar con doble equipo para todo, por lo que cada vez que usted tenga un equipo dañado sin respaldo significa que cualesquiera que fueran los productos que se elaboran con dicho equipo no estarán disponibles para la venta a sus clientes. Éste es uno de los pecados más grandes en nuestro negocio: usted **nunca** puede decirle a un cliente que no tiene algo. Si lo hace, es una señal de un negocio mal administrado.

Idealmente, el plan de mantenimiento de equipo será mensual con algunas notas sobre el equipo que necesita servicio de temporada, semi-anual y anual, como los filtros, extinguidores, sistemas de extinsion de incendios Ansul, etc. Si hay algún trabajo de mantenimiento que los miembros del equipo puedan hacer, ¡adelante!, y asígnelos a una persona específica cada mes. El rotar dichos trabajos es una magnífica idea para que usted no sobrecargue a una persona en particular con la misma tarea cada vez.

Recomiendo que tenga a la mano una lista de sus proveedores de servicio aprobados y de confianza, de tal manera que cuando el programa lo indique, sea fácil localizarlos. Y, en caso de emergencia usted no querrá perder valioso tiempo buscando al proveedor correcto.

También es una excelente idea crear un sistema por medio del cual los miembros de su equipo puedan informarle cuándo haya equipo que no esté trabajando apropiadamente o cuando a ellos les haga falta utensilios pequeños. De esta manera usted puede actuar dentro de un tiempo prudencial y responder adecuadamente a sus necesidades y las del negocio.

Solicite capacitación a sus proveedores

Cada proveedor aprobado por la marca tiene interés adquirido en permanecer acreditado con la marca (y los franquiciatarios) que los elija como el proveedor de equipo – especialmente si es una marca que disfruta de un crecimiento saludable. Esa relación es básicamente un volumen de venta garantizado para el proveedor. Esto crea una gran ventaja para usted, porque si hay una pieza de equipo con la que esté teniendo problemas o no sabe cómo usarla, todo lo que necesita hacer es llamar al proveedor. Ellos estarán encantados de apoyarlo. Lo último que ellos quieren es que los que toman las decisiones de la marca sepan que un franquiciatario esté descontento debido a que un proveedor de equipo esté renuente a apoyarlo.

Mantenimiento de las instalaciones

El mantenimiento no se limita al equipo. Sus instalaciones también requerirán mantenimiento para que continúe viéndose nuevo y fresco a lo largo de los meses y años. Esto requerirá mantenimiento constante y atención al detalle.

Si usted hace esto, no solo sus clientes continuarán llegando (lo que tendrá un impacto positivo en sus ventas), sino que también los miembros de su equipo estarán orgullosos del lugar dónde trabajan y no querrán irse, a la larga reduciendo sus costos de contratación y capacitación.

De la misma manera que usted tendrá un plan de mantenimiento de equipo, usted necesitará un plan de mantenimiento que deberá incluir el frente, la parte trasera y el área de los alrededores de las instalaciones. Asegúrese de incluir cosas como las áreas jardinizadas, paredes externas, área de basura, luces y equipo de seguridad.

Limpieza

Mantener limpia su área de trabajo es tan importante como el buen funcionamiento del equipo. La limpieza es trabajo de todos, y "Limpiar sobre la marcha" debe de ser una regla y no la excepción. Cada superficie operacional debe dejarse completamente limpia y desinfectada (en restaurantes) al finalizar la noche. Ésto reduce la posibilidad de que se reproduzcan los insectos. Los procesos para lograr eso deben estar en el manual de operaciones de la marca.

Usted también deberá tener un programa detallado de limpieza. Éste no es el tipo de limpieza que usted hace a diario – que debe estar en el manual de operaciones de la marca. Su programa detallado de limpieza debe incluir cosas como el reajuste del almacen, refrigerador y congelador, limpieza detallada de pisos, desempolvar el área de vestíbulo/comedor, etc. Debe incluir toda la limpieza detallada que no se realiza a diario, pero que si no se hace cada par de semanas el local se empieza a ver viejo, cansado, abandonado y sucio.

El tener un negocio limpio les da a los clientes una experiencia positiva, ayuda a que los miembros de su equipo estén orgullosos y les da otra razón para querer quedarse con la compañía.

APROVECHE A SU FRANQUICIANTE

Siempre recuerde que la marca en la que usted ha invertido ha hecho la mayor parte del trabajo en lo que concierne al menú, equipo y pequeños utensilios que se requieren para entregar su producto en una forma consistente, de alta calidad y con control de costo. Siga la orientación de ellos y formule preguntas sobre cualquier cosa que usted no comprenda.

Aprenda todo lo que pueda sobre cada pieza de equipo en su franquicia y construya una excelente relación con el proveedor del equipo y proveedores de servicio. Ésto le beneficiara a largo plazo.

Refiérase al manual de operaciones proporcionado por la marca y diríjase a su consultor de franquicia cada vez que necesite ayuda. Él está para servirle.

Su franquiciante probablemente tenga un programa de mantenimiento mensual que sea específico para su marca y el equipo que usted utiliza. Si lo tienen, utilice ese y asegúrese de que sea una de las responsabilidades de su gerente actualizar el programa con responsabilidades asignadas a miembros del equipo y programar y dar seguimiento a cualquier mantenimiento que se requiera del proveedor.

CAPÍTULO 6

Conozca sus números

"¡Lo que se mide, se mueve!"
–Tom Peters

Temprano en mi carrera como asesora internacional, yo estaba trabajando con Greg. Él tenía los derechos máster para una marca en su país en el Caribe. Yo fui allí con el propósito de ayudarle a redefinir su programa de capacitación de empleados. Su franquicia había estado en dificultades desde que abrió y él necesitaba apoyo para capacitar a sus instructores, definir el programa e implementarlo a sus otras tres tiendas. Conforme trabajaba con el equipo en el proyecto original, descubrí que ellos estaban teniendo dificultades con las órdenes de comida. Cuando investigué más a fondo, averigüé que ellos no tenían proyecciones de ventas o inventarios semanales / mensuales. Dos piezas clave de información para hacer órdenes de comida precisas.

La mayor impresión me surgió cuando le pregunté a Greg por sus estados de pérdidas y ganancias (P&L, por sus siglas en inglés), solo para enterarme de que él no los tenía. Yo estaba estupefacta de que una compañía pudiera operar sin P&Ls. La razón por la cual él pensó que no necesitaba ningún P&L era porque en este país no tenían impuestos por ingresos y ventas. Él solo sabía que cada mes ellos tenían más dinero en el banco y él parecía estar satisfecho con eso. Yo decidí hacerme cargo de generar un P&L con cualquier información que pudiera conseguir y presentarle a él no solo los problemas que estaba teniendo con los costos de comida fluctuantes, sino que también la cantidad de dinero que él estaba dejando de percibir por desconocer sus números y no monitorear sus costos de cerca. Al final de mi presentación, sus ojos estaban abiertos a lo que pudiera ser – y a él le gustó. De inmediato, Greg realizó una llamada y coordinó que un contador se reuniera conmigo al siguiente día y trabajara conmigo durante el tiempo restante de mi estadía en la isla para establecer sus P&Ls y reportes. A partir de ese día, él dio seguimiento diligente cada vez que notaba alguna discrepancia. Les dió objetivos a sus gerentes y los responsabilizó. ¿El resultado? Sus costos disminuyeron drásticamente y como resultado, sus ganancias aumentaron dramáticamente.

Usted moverá lo que mide

Un hombre sabio hace mucho tiempo me enseño que "si usted quiere mover algo, usted debe ser capaz de medirlo. Si usted puede medirlo, usted lo puede mover". Ésta es la razón por la cual tecnologías como Fitbit cada vez se vuelven más populares. Esos pequeños brazaletes pueden medir más y más e inspiran a las personas a caminar más, dormir más y aun ejercitarse más duro, produciendo mejores resultados para el usuario. Obviamente, solo medirlo no hace el truco. Usted necesita tomar acción para mover los números y hacer una diferencia – tal como lo hizo Greg arriba. Una vez él se dio cuenta de cuáles eran sus números, y de dónde podría él estar, tomó acción y el esfuerzo de su equipo dio frutos con mucho dinero extra en el banco.

La próxima vez que usted quiera mejorar sus números, determine la medida del elemento de lo que usted quiere mover, defina la meta final, haga un plan de cómo moverlo, consiga los recursos y herramientas necesarias, tome acción, revise y celebre el progreso, ¡y alcance su meta! ¡Así es como usted mueve lo que mide! Pero todo comienza con conocer dónde se encuentra y el reconocer que usted quiere que se mueva.

Comprenda el P&L

Variaciones en P&Ls

Aun cuando haya principios de contabilidad generalmente aceptados (GAAP, por sus siglas en inglés) o estándares de contabilidad que son las reglas generales para contabilidad financiera, los estados de pérdidas y ganancias pueden variar en estructura, distribución y nombres de cuentas, entre otras cosas. Tratándose de una compañía privada, usted tiene más flexibilidad que las compañías públicas, sin embargo, el resultado de sus estados financieros debe ser preciso y verificable por un contador externo para protegerlo en caso de que usted sea auditado o algún día quiera vender su negocio.

Idealmente, usted trabajará con su contador para construir la estructura de su P&L de tal manera que sea preciso y consistente, pero también para que sea fácil de leer e identificar discrepancias, oportunidades y tendencias. Se recomienda que usted tenga categorías generales significativas que a su vez tendrán subcategorías en el caso de que usted necesite indagar más profundo sobre cualquier costo. Por ejemplo, usted puede tener una categoría con el nombre de comida, pero bajo esa categoría usted puede tener subcategorías como comida, bebida y papel. Estas tres subcategorías le darán la visión completa de la categoría principal, "comida".

Las prácticas contables que compartiré en este capítulo están basadas en las mejores prácticas que yo he aprendido a raíz de leer estados de pérdidas y ganancias de cientos de franquiciatarios. Usted puede decidir cuáles quiere aplicar y cuáles no.

Catálogo de cuentas del P&L

El catálogo de cuentas es básicamente la lista de nombres y números de cuenta para cada una de las categorías en el estado de pérdidas y ganancias. Estas categorías también tendrán números de cuenta como referencia. Usted puede nombrar las categorías como guste siempre y cuando el nombre tenga sentido con lo que representa. Por ejemplo, usted no puede nombrar la categoría que representa el costo de comida como "tamal". Debe tener un nombre como comida, costo de comida o costo de productos.

Aquí muestro un pequeño ejemplo de cómo se puede ver un catálogo de cuentas:

```
10010   Ingresos
10011      Comedor
10012      Para llevar
10013      Autoservicio
10020   Descuentos
10021      Calendario Anual
10022      Medios Sociales
10023      Empleados
10030   Costo de Comida
10031      Comida
10032      Bebidas
10033      Papel
```

Usted puede ver cómo, en este ejemplo, puede observar solo las categorías principales y hacerse una idea general de como esta el negocio, pero si ve las subcategorías puede entender mejor de dónde vienen los números.

Secciones del P&L

Los estados de pérdidas y ganancias tienen varias secciones:

☐ Ingresos
☐ Costos Variables
☐ Costos Fijos
☐ Otros Costos

Con estas secciones, usted puede hacerse una clara idea de cómo se está comportando su negocio.

Ingresos/ventas

Aquí es dónde usted registra sus ventas, así como cualesquiera descuentos que puedan reducir dichas ventas.

☐ *Ventas* – Los ingresos recibidos de la venta de su producto. Usted puede comparar sus ventas contra las de la semana anterior, pero aún más importante, contra las del año anterior. El crecimiento promedio saludable para las ventas es de alrededor de 2-4% con relación a las del año anterior. Esto contribuye a aumentar con la inflación.

☐ *Descuentos* – Aquí usted registraría todos los descuentos que otorga a clientes. La mayoría de ellos será determinada por mercadeo, algunos de ellos por participación comunitaria, y algunos otros para empleados, familia y amigos. También habrá otras ocasiones en las que tenga que hacerles descuentos a clientes por mal servicio o mala calidad del producto.

Costos variables

Los costos variables son los costos que varían con las ventas. Esto quiere decir que mientras más venda más gastará. Estos costos usualmente se analizan en términos de un porcentaje de las ventas. Debido a esto, cada vez que usted escucha hablar de costo de producto, éste es como un porcentaje de las ventas y no en cantidad de dólares.

Aquí muestro los costos variables más comunes:

☐ *Producto* – Lo que requiere producir y entregar el producto al cliente. El costo promedio de producto en un restaurante puede estar entre 25–35%, dependiendo de su menú y los precios. Este número incluye comida, bebida y papel (para el empaque de comida rápida y para llevar). Para saber cuándo un número es un buen número, usted necesita saber su costo de producto ideal/teórico. Al costo ideal de producto usted añadirá aproximadamente 0.25–1.0% de desperdicio para definir su meta. Es imposible preparar comida y no tener nada de desperdicio. Para sabe cual debe de ser el costo de producto de su franquicia, hable con otros franquiciatarios en la marca e investigue a sus competidores.

☐ *Mano de obra* – Este se refiere a los salarios de los empleados por hora, así como también los impuestos de la nómina y beneficios variables asociados a ellos. Su costo promedio de mano de obra estará entre 20–30%, dependiendo de la complejidad de producción y estructura de precios de su negocio. La mejor manera de determinar lo que sería un buen número de mano de obra es compararlo con el 10% de las franquicias en su marca.

☐ *Regalías* – Esta es la cuota que se paga al franquiciante por los derechos para operar la marca, calculada como un porcentaje de las ventas. Las cuotas por regalía pueden variar entre 2–7% de las ventas, dependiendo de la marca. Sus cuotas por regalías son negociadas cuando usted firma su contrato de franquicia, y usualmente hay muy poca negociación a menos que usted esté firmando un contrato de desarrollo de multi-unidades. Algunas veces ellos ofrecen incentivos para tiendas nuevas. Esto usualmente sucede cuando la corporación no está alcanzando sus planes de crecimiento o ellos se están enfocando en un crecimiento agresivo.

☐ *Cuotas de mercadeo* – Estas son cuotas que se pagan al franquiciante como contribución al fondo de mercadeo de la marca. Estas cuotas pueden ser diferentes entre marcas, pero el soporte de ellos también cambiará. Las cuotas de mercadeo variarán entre 0–4%. Asegúrese de estar claro en lo que se supone debe estar recibiendo por estas cuotas de mercadeo y aproveche todo lo que pueda. Después de todo, usted está pagando por ello.

☐ *Cuotas de tarjeta de crédito/reembolsos* – Éstas son las cuotas que usted tiene que pagar a las compañías de tarjetas de crédito por el uso de sus servicios de procesamiento de tarjetas de crédito. Las cuotas de tarjeta de crédito pueden variar con base en el volumen. Los reembolsos son ventas con tarjeta de crédito que son deducidas de sus ingresos porque el consumidor debatió el cargo como fraudolento. Estas cuotas se están convirtiendo en un costo cada vez mayor debido al creciente uso de tarjetas de crédito para el pago de productos.

Ganancia bruta/variable

La ganancia bruta o variable es el dinero restante después de pagar todos los costos variables. A ésta también se le llama el margen de contribución y se expresa como un porcentaje de las ventas. Por ejemplo, si el total de los costos variables es igual al 68% de las ventas, entonces se dice que el margen de contribución (ganancia bruta o variable) es 32%.

Costos fijos

Estos son los gastos que pueden o no ser los mismos cada mes, pero si varían no varían debido a las ventas, sino por cualesquiera otros factores. Estos gastos son normalmente analizados en términos de dólares y no porcentajes (excepto por la renta).

☐ *Renta* – La renta pagada, incluyendo el mantenimiento del área común. El promedio de renta es un porcentaje de las ventas que oscila entre 5–15%. Esta renta puede variar grandemente entre una ubicación y otra. Éste es un número que no podrá cambiar mientras dure el arrendamiento, y lo más seguro es que se incremente al finalizar su contrato. Ésta es una parte crítica de su negocio y si usted no tiene cuidado con el costo de la renta que usted pacta, puede hacer que su negocio fracase antes de abrir. No acepte un costo extremadamente alto de arrendamiento porque no importa cuan increíble pueda parecer la ubicación, usted puede no ser capaz de cubrirlo.

☐ *Salarios de gerencia* – Si al gerente(s) se le paga un salario fijo, estos estarán incluidos entre los costos fijos. Esto debe incluir todos los impuestos de la nómina, bonos y gastos de beneficios.

☐ *Reparaciones y mantenimiento* – Aquí usted incluirá todos los costos de reparación y mantenimiento de su equipo, instalaciones y edificio.

☐ *Seguro* – Este es el seguro que se paga para proteger el negocio.

☐ *Servicios públicos* – Todos sus gastos de electricidad, agua, gas, internet y teléfono.

☐ *Honorarios profesionales* – Esta cuenta incluiría pagos a su Contador, abogado, reclutador, etc.

Ganancia operativa / EBITDA (Ganancias antes de intereses, impuestos, depreciación y amortización)

La ganancia operativa es la ganancia que queda de las operaciones del negocio después de que son pagados los costos variables y fijos. Los siguientes gastos son gastos del negocio que no provienen de las operaciones diarias sino que son de naturaleza bancaria y contable.

☐ *Interés* – El interés pagado al banco por préstamos y líneas de crédito.

☐ *Depreciación* – La cantidad que la ley permite depreciar por cualquier bien tangible de la compañía como bienes inmuebles, mejoras del inmueble arrendado y compras de equipo grande.

☐ *Amortización* – La cantidad que la ley permite amortizar por cualesquiera bienes no tangibles de la compañía como diseño arquitectónico del local, honorario de contratista, etc.

☐ *Impuestos* – Los impuestos sobre la renta pagados al gobierno con base en las ganancias netas de la compañía.

Ganancia neta

Esta es la famosa "conclusión" del P&L. Esta es la ganancia real que el negocio ha producido después de que todos los gastos del negocio son considerados.

Flujo de efectivo

El flujo de efectivo es el efectivo real que llega al banco. Debido a que los gastos como amortización y depreciación no son gastos en efectivo, ese dinero llega al banco. Por tanto, el flujo efectivo siempre será mayor que la ganancia neta, siempre y cuando haya quedado depreciación y amortización en el negocio. Aquí muestro un ejemplo de un P&L completo correspondiente a un mes:

Ingresos
* Ventas   47,520
* Descuentos   500

Ventas Netas   47,020 100%

Gastos Variables
* Comida   14,106 30%
* Labor   10,815 23%
* Regalías   2,251 5%
* Mercadeo   1,410 3%
* Tarjetas de Crédito   940 2%
* *TOTAL Gastos Variables* **29,522** **63%**

Ganancia Variable   17,498 37%

Gastos Fijos
* Renta   3,900 8.3%
* Salario de Gerente*   5,200
* Reparación & Mant.   1,250
* Seguros   285
* Utilidades   780
* Servicios Profesionales 350
* Suministros   175
* *TOTAL Gastos Fijos*   **11,940**

Ganancia Operacional   5,558

Otros Gastos
*   Intereses   258
*   Depreciación   1,100
*   Amortización   278
*   **TOTAL Otros**   **1,636**

Ganancia Neta   **3,922** (8.3% de ventas netas)

Flujo de Efectivo   5,300 (se agrega depreciación & amortización)

Impuestos
*   Federal   1,802 (34% de Ganancia Neta)
*   Estatales   318 (6% de Ganancia Neta)

Pago principal de préstamo   625

Llevar a casa   **$2,555**

En este P&L de la franquicia, el dueño deberá ser un dueño-operador, en el sentido de que será uno de los gerentes al frente de la tienda. De esta manera, su ingreso mensual sería *$2,000 correpondiente al sueldo de gerente más la ganacia final del negocio de $2,555.

Trinidad del negocio ™

Los indicadores más importantes y controlables en la mayoría de franquicias son las **Ventas, Costo de producto y Costo laboral**. Éstos son a los que llamo la Trinidad del negocio y ellos representan más del 50% del total de sus gastos. Estos tres indicadores le pueden dar éxito o fracaso cada día. Si usted no los toma en cuenta, dándoles seguimiento y actuando sobre las discrepancias con su plan, literalmente cada día, usted puede encontrarse con problemas financieros más rápido de lo que se imagina.

Estos números son tan importantes que cada uno de los siguientes tres capítulos están dedicados exclusivamente a cada elemento de la Trinidad del negocio.

¿Cuál es su punto de equilibrio?

"Punto de Equilibrio" es el punto en el cual sus ventas son iguales a sus costos variables y fijos. Esto significa que todos sus gastos están cubiertos, pero nada le queda a usted. Sus ventas y sus gastos son iguales.

La fórmula para calcular cuánto necesita usted tener en ventas para estar en el punto de equilibrio es:

Punto de = $\dfrac{\textbf{\$ Gastos Fijos}}{\textbf{Ganancia Variable}}$ = $\dfrac{\$11,940}{37\%}$ = $32,270
Equilibrio

En este ejemplo, la cantidad mínima de ventas que usted necesita tener para estar en el punto de equilibrio de ganancia operativa es $32,270.

Algo más que es importante comprender es que pasado su punto de equilibrio, no todo el dinero que entra es ganancia. Esto se debe a que mientras sus costos fijos están cubiertos, sus costos variables continúan surgiendo conforme usted vende. Por tanto, para entender cuánta ganancia usted ha acumulado pasado el punto de equilibrio, usted necesita deducir sus costos variables contínuos.

Gastos Variable = 63%	Venta Netas *(adicionales al PE)*	$10,000	
Ventas de $42,270	Menos Gastos Variables	$ 6,300	63%
	Ganancia Operacional	$ 3,700	37%

En este ejemplo, el total de sus ventas fueron $42,270. Los primeros $32,270 corresponden a su punto de equilibrio y de los

$10,000 adicionales de ventas, le queda una ganancia operativa de $3,700 después de cubrir sus costos variables.

Es importante conocer estos números antes de que usted tan siquiera abra su negocio, ya que éste es el primer logro que usted necesita alcanzar durante la vida de su negocio para ser exitoso. Éste es el número que usted necesita calcular desde el momento en el que usted realiza su plan de negocio inicial, asegurándose de revisarlo cada año para entender cómo y porqué está cambiando.

El balance general

El balance general de su negocio es el informe financiero que resume lo que son sus activos, pasivos y patrimonio en un momento específico. Esta información le dará una idea de lo que usted debe y tiene, así como la cantidad de dinero que tiene invertida en el negocio.

No entraré en detalle sobre el balance general, pero es importante que usted lo revise cada seis meses con su contador para asegurarse de que se está moviendo en la dirección correcta y si no lo está haciendo, usted puede abordar el problema y hacer algo al respecto.

Planificación de negocios

Cuando usted aplicó para obtener su franquicia, a usted le solicitaron presentar un plan de negocios que cubriera por lo menos sus primeros tres años en el negocio. Esa debe ser la guía inicial para su negocio. Es cierto que las cosas cambian – y no es malo el hacer ajustes – pero si usted hizo su debida diligencia y tiene un plan lo suficientemente bueno, no tendrá que hacer muchos ajustes y tendrá un buen plan para tener un negocio rentable.

Estos números iniciales le permitirán a usted tener un punto de comparación durante sus primeros meses para saber si está yendo en la dirección correcta o no. El estar consciente de esto le permitirá adaptarse tan rápido como sea posible. Debido a ello es tan importante tener su plan inicial cerca y disponible en todo momento. Usted tiene que recordar que usted creo dicho plan antes de tener datos reales y que conforme los datos van apareciendo usted necesita compararlos con el plan original. Al final, usted deberá comenzar a construir un plan alterno empleando los datos nuevos. Yo recomiendo volver a hacer su plan de negocios pasados seis meses y hacerlo de nuevo al completar el año. Después de eso, usted debe crear su plan de negocios anual con proyección a dos años basado en su primer año. Adicionalmente, usted debe tener un plan de negocios a cinco y diez años. Esos planes ayudarán con las aplicaciones a financiamientos y planificación a largo plazo por necesidades de crecimiento o capital.

Otros números que usted debe saber

☐ *Variaciones de depósitos bancarios* (sobrantes y faltantes) – En el Capítulo 10, Siga el Dinero, yo compartiré como manejar depósitos de tal manera que usted pueda comparar fácilmente los depósitos con lo que debió ser depositado. Si usted encuentra cualquier diferencia, debe actuar de inmediato. Mientras más tiempo deje usted pasar esto, menores serán las oportunidades de averiguar qué sucedió y quién es la persona responsable.

Servicio al cliente

☐ *Encuestas a los Clientes* – La mayoría de las marcas tienen un proceso para que los clientes completen una encuesta y obtener retroalimentación de ellos. Éste es uno de los informes operativos utilizado por las marcas para asegurarse de que su franquicia está cumpliendo con sus estándares mínimos de producto, servicio e imagen. Estas encuestas le dan a usted y a la marca información valiosa de dónde está usted y dónde necesita mejorar. También le ahorra tiempo porque entonces podrá enfocar sus esfuerzos en mejorar las áreas en las que sus clientes quieren que usted mejore.

☐ *Críticas* – En la era de la información, las críticas en línea pueden ser decisivas en su negocio. Usted estará en sitios de críticas de servicio, así como también en su propia página de Facebook. Le será útil a usted verlos seguido (una vez por semana) y chequear que no tenga usted un problema de reputación en línea, asegurándose de responder a la retroalimentación de sus clientes regularmente. Su retroalimentación de Facebook debe ser revisada a diario. Más sobre esto en el Capítulo 11.

Velocidad de servicio

La velocidad de servicio es una parte muy importante de la experiencia del cliente y estos indicadores le permitirán a usted comprender si usted está cumpliendo con las expectativas de sus clientes y de su marca. Cada franquicia tiene su propio indicador de velocidad. A continuación, son los indicadores en la industria de comida. Utilicelos como ejemplo para determinar cuales son los impotantes en su franquicia.

☐ *Tiempo de toma de orden* – La mayoría de las cajas registradoras no llevan registro de este tiempo, pero usted lo puede hacer con un cronómetro. Yo recomiendo que usted registre estos tiempos y los comparta con el equipo. El tiempo meta para la mayoría de los Restaurantes de

Comida Rápida o de Servicio Rápido (QSR, por sus siglas en inglés) es de un minuto. Esta medida cambia para Restaurantes Casuales (no de comida rápida) porque la experiencia esperada es distinta, auque este tiempo siempre es importante.

☐ *Tiempo para entregar el pedido* – Éste es el tiempo entre el momento en el que se toma la orden y el cliente la recibe, ya sea en el mostrador o en la mesa. Este varía grandemente entre una marca y otra, pero para QSRs la meta es de 180 segundos o menos.

☐ *Tiempo de auto servicio* – Este es igual que el del tiempo para completar el pedido para QSRs. Ya sea que usted esté recibiendo su orden en el auto servicio o en el mostrador al frente, la velocidad de servicio esperada es la misma: 180 segundos por orden.

☐ *Tiempo de limpieza de mesas* – Este es el tiempo entre clientes, el tiempo que lleva notar que los clientes han dejado la mesa, la mesa es limpiada y preparada para los siguientes clientes. Las computadoras no pueden registrar esto, pero usted sí lo puede hacer utilizando un cronómetro. Usted puede monitorear el tiempo que lleva la limpieza de las mesas. Los clientes no se sentarán a sus mesas si éstas están sucias y si no hay alguien activamente limpiándolas, ellos se retirarán y usted perderá la venta.

☐ *Tiempo de entrega a domicilio* – Debido al estándar establecido por Domino's y su garantía original de 30 minutos, ésta es ahora la expectativa del cliente y la medida de éxito y eficiencia para cualquier negocio que hace entrega a domicilio. Si usted puede lograrlo de una manera segura porque su producto no le lleva más de ocho minutos prepararlo, los clientes le pagarán a usted con lealtad. Si a usted le lleva mucho más tiempo que eso, los clientes probablemente llamarán a alguien más la próxima vez.

Orden correcta

La exactitud es importante en cualquier negocio. Siempre se le debe dar al cliente lo que pidió y pago, mas sin embargo en la industria de comida esto es un gran problema. Si usted tiene una marca de comida rápida y especialmente una marca de autoservicio, la exactitud es una de las cosas principales que a los clientes les interesa y a las cuales le tendrá que poner mucha atención. Este es uno de esos temas en los que aplica el eslogan "despacio es rápido". Algunas veces el equipo está con tanta prisa que ocurren errores. Estos errores pueden costarle no solo en términos de costo de producto al rehacer la orden de su cliente, sino que también en ventas cuando los clientes deciden que ellos no pueden confiar en usted y van a algún otro negocio la siguiente vez.

¿Cuántas veces ha pasado usted por un autoservicio y recibido una orden que no fuera 100% correcta? En mi caso, es menos de la mitad del tiempo. La parte triste es que los clientes para llevar y de autoservicio no se dan cuenta del error sino hasta que llegan a casa, y en ese momento ellos no van a regresar. Ellos simplemente estarán decepcionados y molestos.

Rotación de personal

La industria de franquicias trata más que nada de personas. En nuestro mundo, el negocio con las mejores personas siempre gana. Piense en Chick-fil-A. Ellos están vendiendo sándwiches, similar a muchos otros lugares. Sin embargo, su reputación les precede. Ellos son conocidos por el servicio y las personas acuden en masa a sus tiendas debido a ello. Nosotros sabemos que ellos pueden hacer eso porque tienen magníficas personas y ellos las retienen.

☐ *Personal*– El promedio de rotación de personal en la industria de la comida es de 100 a 150% anual. La razón de este número alto es parcialmente debido a la naturaleza transitoria de la industria. La industria de servicio de comida es por lo general el primer trabajo para muchos, uno en el que paran entre el colegio y su primer trabajo profesional. No obstante, otra razón para esta alta rotación de personal se debe a que muy poco tiempo y atención es dedicado a asegurar que el personal que puede ser retenido, sea retenido. Esta es una de las cosas en las que los mejores franquiciatarios se enfocan, y esa es la razón por la cual ellos ganan.

☐ Asistentes – El promedio de rotación de gerentes en la industria de franquicias está entre 50–75%. Si su empleado ha alcanzado este nivel, tienen menos probabilidad de retirarse, si usted los cuida y capacita para crecer. Si ellos son gerentes, tienen metas y ambición. Ellos se quedarán con usted si les proporciona un ambiente en el que ellos puedan crecer.

☐ *Gerente General* – Está comprobado que el mayor indicador de éxito de una franquicia es la antigüedad del gerente general. Todo lo que usted pueda hacer para retener a su gerente general (si no es usted) valdrá la pena su tiempo en dólares, siempre y cuando sean los gerentes correctos.

Puntaje de las evaluaciónes de la operación

☐ *Evaluación de la marca* – Este puntaje no solo determina que tan bien esta operando la marca, sino que si lo está haciendo mal, puede poner en riesgo sus derechos de franquicia y su inversión. Su asesor de franquicia le dirá cómo lo está haciendo usted y qué áreas pueden ser mejoradas. A usted le será de utilidad poniendo atención y si toma en cuenta su asesoramiento. Tendrá un impacto positivo en sus operaciones y su rentabilidad.

☐ *Evaluación Sanitaria (en restaurantes)* – Este punteo es exhibido de manera notoria en su negocio, y cada uno de sus clientes lo verá. Este punteo refleja el cuidado que usted está poniendo al manejo de comida y determinará si sus clientes le comprarán a usted nuevamente.

☐ *Autoevaluaciones* – Si usted quiere asegurarse de rendir bien cuando lo visiten de la marca o del departamento de salud, usted debe llevar a cabo sus propias evaluaciones mensualmente para que pueda determinar como vá y dónde necesita mejorar. De esta manera, su negocio siempre operará con un alto nivel y la próxima vez que le visiten del departamento de salud o la marca, usted estará listo.

Satisfacción del Empleado

Hay varias formas de medir la satisfacción del empleado en general. Una de esas formas es observar su tasa de rotación. Usted también puede revisar las encuestas de sus clientes. Es un hecho bien sabido que la experiencia de sus clientes nunca será mayor que la experiencia de los miembros de su equipo. Esto significa que mientras mejor trate a su equipo, más felices estarán ellos y atenderán mejor a sus clientes.

Si usted quiere tener información clara y susceptible de ser procesada sobre las áreas en las que usted puede mejorar para sus empleados entonces... pregúnteles. Haciendo encuestas anónimas a empleados cada seis meses con las mismas preguntas en cada encuesta le permitirá a usted conocer dónde se encuentra, dónde puede mejorar y cómo está manejando la situación con lo que usted está haciendo.

Estableciendo objetivos

Usted puede establecer objetivos en casi todas las líneas en el P&L y cada aspecto de sus operaciones. Mi recomendación es que usted escoja los números con mayor impacto en las ganancias y negocio y no tener solo metas medibles específicas para cada uno de ellos, sino que también definir programas claros de incentivos para el equipo y usted orientados hacia el logro de esas metas. No escoja muchas, porque no será capaz de enfocarse.

Éstos son los ocho números más comunes en los que los mejores franquiciatarios se enfocan:

- ☐ Crecimiento en las ventas (*ticket* promedio y transacciones)
- ☐ Costo de Producto
- ☐ Costo de Mano de Obra
- ☐ Ganancias (Ingresos Netos)
- ☐ Rotación de Empleados (lideres y empleados)
- ☐ Un indicador de Velocidad de Servicio
- ☐ Un indicador de Servicio al Cliente
- ☐ Evaluación de la Marca

Compartir o no compartir

Hay varias escuelas de pensamiento sobre cuánta información financiera de la empresa se debe compartir con los gerentes y el equipo. Algunos franquiciatarios comparten la totalidad del P&L y empoderan a los gerentes para que asuman la responsabilidad de cada línea que ellos pueden controlar. En este escenario, el bono del gerente puede ser algún tipo de porcentaje de las ganancias de la tienda. Otros franquiciatarios solo comparten la Trinidad porque ellos asumen que esto es lo único que ellos pueden controlar.

Yo he observado que los franquiciatarios con el mayor éxito son aquellos que comparten más, y además capacitan a su equipo de tal manera que comprendan el negocio en su totalidad. En esta situación, el entrenamiento en el negocio y los números son cruciales. Un beneficio secundario de aquellos que comparten más y capacitan más es que también tienen un índice de retención mayor debido al conocimiento que sus empleados están adquiriendo. Ese valor de desarrollo de personal y crecimiento es lo que hace que las personas permanezcan en la compañía más tiempo.

APROVECHE A SU FRANQUICIANTE

Uno de los grandes beneficios de pertenecer a una gran red de dueños de negocios con su misma marca es el hecho de que usted puede preguntar sus números y compararlos con los suyos para tener una idea de dónde usted se encuentra con relación a ellos. Debido a que ustedes no son competencia, el nivel de intercambio de información, conocimiento y apoyo es muy grande. Hay franquiciatarios muy exitosos en su marca. Si usted no es tan exitoso como ellos, necesita averiguar lo que ellos están haciendo y usted no. Algunas marcas van tan lejos como compartir resultados acumulativos de los P&Ls de los franquiciatarios para facilitarle a los franquiciatarios el medir dónde se encuentran en comparación y comprender dónde están las oportunidades. Esto es posible solo en las marcas que reúnen P&Ls completos de todos y cuando la calidad de dichos P&Ls es buena. Si su marca no tiene eso, entonces su mejor opción es hacerse de amigos franquiciatarios y pedirles los números de sus negocios.

Mi meta con "La Franquicia Exitosa" es proporcionarle a usted la referencia de lo que hacen los mejores franquiciatarios de la industria para tener éxito. El siguiente paso para usted es averiguar los números de su marca y definir la meta que usted quiere y puede alcanzar, hacer un plan y medir su progreso hasta que la alcance.

CAPÍTULO 7

Domine sus ventas

"No espere oportunidades extraordinarias.
¡Aproveche las situaciones comunes y hágalas grandes!"
—ORISON SWETT MARDEN

"En los últimos meses nuestras ventas han estado disminuyendo por dos dígitos y yo estoy comenzando a ponerme muy preocupada. ¿Puede usted ayudarme a hacer un plan de mercadeo para aumentar las ventas?" Ésta fue la solicitud de Sophia, una de mis clientes. "Hemos intentado nuestras tácticas usuales, pero esta vez estas no parecen estar funcionando. Talvez usted nos puede ayudar a ser más creativos."

Mi primera pregunta fue, "¿En dónde están perdiendo ustedes sus ventas?"

"No lo sé," dijo ella.

"Tiene usted menos clientes o están ellos comprando menos?" dije yo.

"No lo sé … ¿ambos?", dijo ella.

A tal punto, yo supe exactamente dónde comenzar.

Frecuentemente los franquiciatarios miran las ventas como un todo, pero si usted mira más de cerca a cada componente, puede descubrir cosas inesperadas. Para el caso de Sophia, durante una Sesión de Descubrimiento, averiguamos que mientras su *ticket* promedio apenas había disminuido comparado con el del año anterior, el recuento de sus clientes era donde estaba el mayor problema y nosotros necesitábamos enfocarnos en eso. Los números cuentan la historia, y, al ver los reportes, la suya no era una historia muy buena. Dos componentes clave de las ventas son los descuentos y cancelaciones. Algunas Computadoras/Sistemas de Puntos de Ventas (POSs, por sus siglas en inglés) tienen los reportes para mostrarle ambos en detalle, por día y por empleado. Sophia no había estado viendo dichos reportes, y lamentablemente, gran parte de su déficit se debía a un número inusual de órdenes canceladas. Resultó ser que algunos de sus empleados estaban tomando órdenes, cobrando al cliente, luego cancelando las órdenes y embolsándose el dinero. Es muy difícil descubrir este tipo de fraude sin ver estos reportes. Aun cuando la historia no era buena, tuvo un final feliz. Después de identificar a los culpables y ocuparnos de ellos apropiadamente, la tendencia de ventas negativas disminuyó a menos de 2%. Entonces elaboramos un plan de mercadeo exhaustivo que, en dos meses, se revirtió la tendencia de las ventas a 1% positivo. Sophia está ahora feliz y prosperando en su franquicia.

Componentes de las Ventas

Sus ventas tienen dos componentes: *transacciones* (número de clientes) y *ticket* (cuánto gasta cada uno de sus clientes). Es importante que usted mire sus ventas no solo como un todo y dónde está usted comparado con la semana anterior y el año anterior, sino que también desglosado en estos dos elementos para entender lo que está sucediendo en su negocio y actuar de tal manera que haga el mayor impacto.

Ventas = # Transacciones x Ticket $

En el Capítulo 11, nosotros estaremos expandiéndonos en sus actividades de mercadeo para aumentar las ventas (*transacciones y ticket*). En este capítulo, compartiré los cuatro Puntos de Control de Ganancias de las ventas para aumentar su nivel de concientización y darle a usted el poder de captar e influenciar el resultado de las tendencias de sus ventas.

1. Transacciones

Su POS debe ser capaz de capturar el número de transacciones diarias de su tienda. Algunos de ellos también pueden darle una tendencia histórica diaria para un día o para un rango específico de tiempo. Esta información es muy útil para cuando usted está planificando su horario y revisando sus horas de operaciones.

El número de transacciones que usted tiene en su negocio estarán determinadas y limitadas por varios elementos. Usted debe analizar su negocio para determinar las limitaciones que usted tiene en dichos puntos de control críticos y asegurarse de que usted está maximizando esas oportunidades.

Usted quiere que la mayor parte del aumento de sus ventas provenga del aumento en las transacciones. El tener aumento en las transacciones significa que usted tiene más clientes o que sus clientes actuales llegan con mayor frecuencia. Ésta es una forma muy saludable para incrementar las ventas porque usted sabe que, si esto está sucediendo, su servicio y sus operaciones trabajan como se supone que lo hagan. Una tasa saludable de aumento de clientes en un negocio maduro es de 1–3% por año.

Para identificar si usted tiene una limitación de volumen de ventas, todo lo que usted necesita hacer es analizar sus operaciones e identificar si usted tiene un cuello de botella. Cualquier cuello de botella que le impida a usted continuar incrementando sus transacciones debe ser resuelto antes de que usted crezca. Los siguientes son algunos de los posibles cuellos de botella que usted podría encontrar.

Número de mesas

Si usted solo tiene diez mesas con cuatro sillas cada una y su negocio es mayormente un restaurante de servicio en mesa, usted estará limitado a esas 40 sillas y la rapidez de limpieza y preparación de las mesas entre clientes será un proceso crítico para superar esa limitación. Usted no quiere que los clientes que lleguen a su establecimiento se retiren porque no pueden encontrar un lugar para sentarse. En este caso, el servir a sus clientes rápidamente y limpiar las mesas después de cada servicio son puntos críticos de control para el número de transacciones. Los clientes no se sientan en mesas sucias.

Número de cajas registradoras

Si usted solo tiene una caja registradora para tomar las órdenes, usted estará limitado por el número de órdenes que su único cajero pueda tomar por hora. Usted puede terminar con una cola que desalentará a sus clientes, quienes simplemente se retirarán para buscar un lugar sin cola.

Número de meseros

Aun cuando usted tenga muchas mesas, si usted no tiene el número apropiado de meseros para las mismas, esas mesas extras no podrán ser utilizadas. No le puedo decir qué tan molesto es para los clientes tener que esperar a sentarse en un restaurante cuando ellos claramente pueden darse cuenta de que hay mesas disponibles. Ellos no saben que usted no los está pasando a sentarse porque no tiene meseros para atenderlos. Francamente, aún si usted se los dice, no mejora las cosas y no hará que ellos estén menos molestos.

Número de repartidores

Si usted tiene un negocio que entrega a domicilio usted está claramente limitado por el número de repartidores que usted tenga. Si usted obtiene más órdenes que la cantidad de repatidores que usted tenga para repartirlas, la calidad del producto y/o el servicio se verán comprometidos porque se tardará mucho en entregarlas.

Si es una franquicia de comida, es preferible que vaya más despacio en la producción de los pedidos para ir al ritmo de la velocidad de entrega a domicilio. Si, las órdenes pueden llegar tarde, pero de esta manera usted puede por lo menos mantener la calidad y la temperaura adecuada del producto para el cliente. Sin importar lo que usted haga, no entregue a domicilio la comida tarde *y* fría y arruinada al momento de que el cliente la reciba.

Algo más que usted puede hacer es indicarle al cliente el tiempo aproximado que se llevará en llegarle el pedido. De esa manera, ellos pueden tomar una decisión por sí mismos de si quieren esperar o no. Ellos apreciarán su honestidad y consideración, aun cuando signifique que usted pueda perder la venta.

Rapidez de auto servicio (restaurantes)

Si usted brinda autoservicio, ese canal de negocio se ve limitado por el número de órdenes que su ventanilla de autoservicio puede tomar y servir por hora.

Yo recuerdo cuando tenía bajo mi responsabilidad una región de restaurantes que tenían autoservicio. Mis visitas a las unidades siempre comenzaban pasando por la cola del autoservicio y registraba el tiempo que me llevaba pasar por todo el proceso hasta la ventanilla para recoger la orden. Algunas veces yo inclusive llamaba al gerente de la línea para averiguar cómo iba el negocio. Demasiadas veces ellos dirían, "¡Muy bien! ¡Estamos ocupados y constantes, pero yéndonos bien!" Mientras tanto, yo estaba afuera en la cola y ya había notado que dos vehículos se habían salido de la cola y se habían ido a otro lugar. Sin mencionar que yo llevaba tres minutos, y contando, y aún ni siquiera estaba en la pantalla para ordenar. Lamentablemente, los gerentes frecuentemente no tienen idea de lo que está sucediendo afuera. No de nada por hecho. Asegúrese de que todo realmente vaya bien, especialmente cuando usted no puede monitorearlo visualmente.

Capacidad del equipo

Cada pieza de equipo que usted tenga tiene una capacidad máxima. Usted puede hornear solo un cierto número de pizzas en un horno al mismo tiempo; usted solo puede hacer que quepan cierto número de piezas de pollo en la freidora. Si esa capacidad es sobrepasada, afectará su habilidad de servir a los clientes. Si usted tiene un volumen sorprendentemente alto de ventas en general o de un producto en específico, usted querrá decidir si vale la pena invertir en adquirir una segunda pieza de equipo o equipo de mayor capacidad con el objeto de acelerar el servicio y capturar ventas adicionales. En situaciones como esa, es buena idea realizar un análisis cuidadoso del Retorno de Inversión.

2. Ticket

El *ticket* promedio para su negocio será determinado por el precio de los productos que vende y el número de productos que su cliente compra. Idealmente usted tendrá un Sistema POS que arrojará un reporte sobre el número de transacciones y del *ticket* por transacción. El POS también debe ser capaz de indicarle cuántos de cada uno de los productos vende para que pueda determinar los pedidos de producto al proveedor, cuales son los productos más vendidos y los menos vendidos.

Un índice de crecimiento saludable por *ticket* en un negocio maduro es de alrededor de 1–3% por año.

Servicio en mesa

Algo que funciona bien para ubicaciones de servicio en mesa es que el POS sea capaz de captar el número de clientes en un *ticket* (cuenta). De esta manera, usted tiene el *ticket* promedio por cliente y no solo el total de la mesa, debido a que la cantidad variará basado en el número de personas en la mesa. El conocer su promedio de *ticket* por cliente le da a usted un conteo de cliente más preciso que solo el conteo de la cuenta completa – y el conocer ambos es ideal. Si usted está tanto llenando más mesas como incrementando el número de personas por mesa, eso significa que sus clientes están tan contentos que están regresando más seguido – y están trayendo más amigos con ellos. Esa es la mayor lealtad que usted quiere lograr.

En el Capítulo 11, yo compartiré con usted lo que puede hacer para incrementar su *ticket* promedio y el número de transacciones (clientes).

3. Proyecciones de ventas

Una proyección de ventas precisas es el Punto de Control de Ganancia más crítico para hacer pedidos de producto adecuados, preparar su produccion para las operaciones diarias y para un horario de empleados adecuado. Si sus proyecciones de ventas tienen variaciones significativas con relación a sus ventas reales, su pedido de producto, preparación diaria y el horario estarán incorrectos, y esto puede incrementar su desperdicio significativamente e inflar sus costos a un nivel insostenible.

Cada minuto que usted invierta haciendo todo lo que pueda para generar las mejores proyecciones de ventas posibles será compensado con ahorro de costos significativos, y operaciones y rentabilidad mejoradas.

Para hacer una proyección de ventas adecuada, usted necesitará revisar:

- ☐ Las ventas del año anterior
- ☐ Las ventas de la semana anterior
- ☐ Tendencias actuales
- ☐ Clima
- ☐ Temporada
- ☐ Eventos locales

Por favor sepa que ninguna proyección de ventas será perfecta. Usted solo estará haciendo una deducción fundamentada. El arte está en ser capaz de identificar tendencias, entendiendo el efecto de las influencias externas y aprendiendo cómo seguir su intuición. También es importante permanecer flexible y adaptarse día a día y hora por hora cuando sus proyecciones de ventas varian con la realidad. Esté preparado y tenga un plan sobre que hacer cuando las ventas sean mayores a lo esperado y cuando éstas sean menores a las esperadas. El mejor momento para definir los pasos que usted debe seguir en dichos eventos, es cuando esos eventos no estén sucediendo. De esta manera, usted puede pensar objetiva y calmadamente, y tomar decisiones más inteligentes. Una vez usted ha definido los pasos de cómo responder, la próxima vez que usted esté en medio de esos momentos críticos, todo lo que usted necesita hacer es... seguir el plan.

4. Control de fraude

Usted dedica mucho trabajo para tener una operación sin complicaciones, un maravilloso servicio al cliente y controles estrictos de costo. Aún así, sus ganancias están bajas y usted está perdido en cuanto a no saber qué hacer para mejorar. El fraude interno es un asesino de negocios y si usted no mantiene los ojos y oídos bien abiertos, éste puede estar haciendo mucho daño a su negocio, justo bajo su nariz.

Un estudio realizado por la Asociación Nacional de Restaurantes determinó que hasta 4% del costo de la comida se pierde debido al robo de los empleados. Hay otros estudios que han mostrado hasta 6% de pérdidas de ventas por el robo de producto y efectivo de los empleados.

La prevención de fraude inicia contratando a las personas correctas siguiendo sus procedimientos y haciendo una excelente validación de los antecedentes. Luego de eso, se trata solo del análisis y seguimiento.

Mucho del fraude potencial se basa en lo que su POS permite hacer a los miembros del equipo y la configuración de perfil/

permiso que usted crea. Los sistemas POS también arrojan reportes para mostrarle información con la que usted puede identificar la manipulación. Por tanto, sí, su POS puede facilitar el fraude, también puede eliminarlo si usted utiliza los recursos disponibles, como los reportes.

☐ *Descuentos* – Los empleados pueden estar dando descuentos no autorizados a sus amigos y familia. Una buena forma de averiguarlo es comparando los reportes de su caja registradora y la cantidad que cada mesero/cajero regalan. Observe a esos meseros/cajeros que estén dando la mayoría de los descuentos y analice minuciosamente sus transacciones. Una buena práctica es que su gerente revise los descuentos en el momento en el que el cajero se retire para que pueda justificarlos. Esto hará que los cajeros sepan que usted está al pendiente y reducirá el fraude.

☐ *Cancelaciones* – Algunos sistemas POS permiten a los empleados cancelar órdenes sin la aprobación del gerente si usted los configura de esa manera. Si usted puede, asegúrese de limitar la cancelación de órdenes solo bajo la aprobación del gerente. Esto traslada la responsabilidad de todas las cancelaciones a una persona por turno.

☐ *Suspensión y edición de órdenes* – Algunos sistemas le permiten a usted tomar una orden, suspenderla, abrir la caja registradora, darles vuelto a los clientes y luego reusar la misma orden nuevamente para el siguiente cliente. Para usted, se mira como la misma orden. Para los cajeros tramposos, es una forma de tomar varias órdenes, embolsarse el efectivo y mostrar solo una orden.

Idealmente las órdenes expiran y se cierran por sí mismas. Si no lo hacen, la mejor forma de descubrir el problema es revisando la hora que la orden registró y hacer una política estricta que ninguna orden jamás puede permanecer abierta después de que el cliente paga. Teniendo grandes repercusiones disiplinarias por órdenes largas y órdenes abiertas puede ayudarle a usted a eliminar esto. Cuando sospeche, compare las horas de las órdenes entre cajeros, enfocándose en las órdenes que permanecen abiertas más tiempo e investigue.

Estos son solo unos pocos ejemplos de lo que es posible. Mantenga los ojos abiertos para detectar otras formas de abusar el sistema y utilizar el reporte disponible en su POS para atrapar a los ladrones y sacarlos de su equipo.

El robo de producto es un problema igualmente importante. Estaremos abordando esto en el próximo capítulo.

Lamentablemente, el fraude es una realidad en nuestro negocio. A cuánto fraude es usted vulnerable depende de qué tan diligente es usted y las repercusiones impuestas cuándo usted identifica problemas. A su negocio y su equipo le será útil definir el monto en dinero sobre el cual usted estará llamando a la policía (una vez ha reunido evidencia) y denuncie al culpable. La realidad es que algunas veces usted tiene que sentar un precedente de lo que puede suceder si los miembros del equipo roban y son atrapados, como un disuasorio para otros.

APROVECHE A SU FRANQUICIANTE

Ventas - Si su franquicia cobra cuotas de mercadeo, es probable que usted tenga un gerente de mercadeo regional quien estará dispuesto a tener una conversación con usted sobre los componentes de las ventas y lo que usted puede hacer para mejorar todo lo que pueda.

Fraude - Los Franquiciantes también tienen departamentos muy buenos de Informática (IT, por sus siglas en inglés) con expertos en su sistema de POS (si es un requerimiento de su franquicia). Ellos y su asesor de franquicia le pueden ayudar a encontrar y entender todos los reportes de ventas. Ellos también pueden ayudarle a interpretar la información para comprender lo que está sucediendo en su negocio y determinar dónde están sus oportunidades. Una vez usted tiene dicha información, puede crear un plan para mejorarlo.

POS - Si usted puede elegir su propio Sistema de POS, asegúrese de adquirir uno que tenga el mejor control de fraude y que su vendedor le capacite sobre cómo aprovecharlo al máximo. Si usted tiene que utilizar lo que la marca requiere, ellos deben de poder darle el entrenamiento para ayudarle a maximizar todas sus funcionalidades y reportes.

Compare los números - Si usted puede adquirir información de las ventas de otros franquiciatarios con las cuales comparar sus ventas y números, le daría una buena guía de dónde debe de estar. Si tiene más de una unidad, asegúrese de comparar manzanas con manzanas. Una de las formas de hacer eso es definir cuál es el número de casas en el área para cada franquicia y entonces divida las ventas entre ese número de tal manera que usted pueda determinar cuánto dinero en ventas está usted captando por casa en su unidad. Esta es una muy buena manera para determinar qué tan bien le va a una ubicación comparado con sus otras ubicaciones/unidades u otros franquiciatarios.

CAPÍTULO 8

Domine su costo de producto

"El mayor potencial para el control tiende a existir en el momento
en el que la acción ocurre."

–Louis A. Allen

"¿Qué piensa usted acerca de lanzar un menú de almuerzo de bajo precio de lunes a viernes? De esta manera, podemos capturar a los profesionales que buscan una alternativa rápida y saludable en un ambiente bonito", me dijo Aura. Ella es una de mis clientes de restaurantes de comida casual que no están en el mundo de las franquicias y pueden definir y cambiar su menú. "Ya tengo el diseño de los platos; ¿Le puedo enviar las fotos y me puede dar su opinión?"

La comida se miraba increíble, el emplatado era agradable y la foto necesitaba un poco de trabajo, pero estaba aceptable. Entonces le pregunté a ella, "¿Cuál es el costo de la comida?"

"No lo sé aún", dijo ella.

"OK, una vez usted sepa cuál es su costo de comida, envíemelo y podremos hablar al respecto", le respondí.

Ser capaz de seleccionar su menú o incluso sus ofertas, le da a usted una maravillosa herramienta para administrar y controlar su costo de comida. Aun los franquiciatarios que deben seguir los estándares de la marca son capaces de decidir sus precios y diseñar sus propias ofertas aparte de las promociones publicadas a nivel nacional o regional. Cualquier otra oferta, el franquiciatario tiene el control. Yo me he dado cuenta que este poder usualmente es utilizado muy poco, y cuando se diseñan las ofertas y se definen los precios del menú, no se reflexiona lo suficiente acerca del costo de comida, el precio y el valor de la oferta.

En lo que se refiere a definir su menú y precios promocionales, usted debe seleccionar el mayor precio posible que el cliente aun considere un buen precio para que usted pueda lograr sus objetivos financieros. Combine platos con acompañamiento para combos y llegar al precio que busca.

10 puntos de control de la ganancia en el costo de producto

En el negocio donde se venden productos como en un restaurante, tienda de perfumes o repuestos de carro, su costo de comida será su mayor gasto – a menos que usted sea una marca de bocadillos de bajo costo. Debido a que el costo de producto es un costo variable, usualmente se habla de él en términos de un porcentaje de las ventas. Un promedio de costo de producto en un restaurant estará entre el 25 y 35% de sus ventas, dependiendo de su menú y precios. Cada industria y tipo de producto tiene su propio rango. Ésta es un área en la que mucho de su desperdicio vendrá si usted no dispone de los sistemas apropiados para controlarlo. Hay 10 puntos de control de costo de producto en los que usted debe administar el costo y el desperdicio, y en cada uno de estos puntos, hay tanto riesgo como oportunidad. Demos un vistazo de cerca a cada uno de estos puntos. Conforme usted vaya leyendo, compárelos con lo que usted hace en su negocio.

Muchos de estos detalles se referirán a un negocio de comida ya que ellos representan el 35% de franquicias. Tambien en el negocio de comida, debido a la naturaleza perecedera de l producto, tener l habilidad y los controles para administrarla es un punto critico para este tipo de negocio. Aun asi, mucho de lo que aplica a un restaurante o negocio de comida, puede ser muy útil para cualquier negocio.

1. Conozca sus números

Hay varios números que usted necesita conocer para administrar su costo de producto. Mientras más a menudo revise esta información, más rápido podrá usted atender un problema si éste existe.

Estos son los números que usted debe conocer:

☐ *Costo ideal de producto* – El costo ideal de producto es el costo de los ingredientes o materi prima utilizados para vender sus productos – asumiendo de que usted los prepara y los hace porciones exactamente como la receta lo requiere. Como se mencionó anteriormente, usted determina este costo cuando usted define su proveedor, escoge su menú o inea de productos y define el precio.

☐ *Costo real de producto* – El costo real de producto es lo que usted gasta cuando prepara sus productos y los vende. Este costo incluye todo el desperdicio y faltantes. Usted puede obtener esta información de los inventarios que usted realiza a diario, semanal y mensualmente.

Costo de Producto $ = Inventario + Compras – Inventario
Inicial   Final

Costo de Producto % = (Costo de Producto $ / Ventas $) x 100

☐ *Desperdicio* – Estos son los productos que usted está consciente que se desperdiciaron. Idealmente, usted tiene un sistema para registrar este desperdicio y su causa, para que usted pueda entender mejor de dónde viene y reducirlo con herramientas, capacitación o un mejor proceso. Su desperdicio debería estar entre 0.25–0.5% de las ventas.

☐ *Faltantes* – Cuando usted hace inventario para definir lo que se ha utilizado descontando cualquier desperdicio, usualmente habrá una diferencia. Esta diferencia se debe a productos que hacen falta; usted no sabe realmente dónde y cómo sucedió. Su meta, por supuesto, debe ser que no haya ningún faltante y que todo su desperdicio sea registrado, porque de lo contrario usted no tiene manera de identificar dónde se perdió el inventario. Si usted no sabe dónde y porqué, usted no puede corregir el problema.

Costo de Producto = Costo Ideal + desperdicio + faltante

☐ *Inventario* – Una actividad crítica para conocer sus números es llevar a cabo inventarios diarios, semanales y mensuales. Qué tan seguido hace usted inventarios y qué incluye usted en su inventario a diario y semanalmente dependerá del número de productos en el inventario que usted tenga. Todo negocio debe tener inventarios mensuales completos, sin importar el número de productos. Es imperativo que usted sepa dónde se encuentra cada mes.

Hace algunos años, uno de mis clientes tenía problemas de costo de comida. Una de las cosas que yo recomendé fue que él llevara a cabo su propio inventario en su restaurante. El inventario era responsabilidad de su gerente. Siendo un dueño multi-unidad, Luis no lo había hecho desde hacía tiempo, pero yo quería asegurarme de que tuviéramos números correctos para analizar el problema. Después de que Luis realizara el inventario, me llamó en pánico.

"¡Aicha, hice el inventario, pero tiene un gran fatante de aproximadamente $700! ¿Porqué cree usted que sea?"

Luego pregunté, "¿Usted le da un bono a su Gerente General basado en metas de costo de comida?" Él dijo que sí lo hacía. Luego le dije, "Su gerente ha estado manipulando sus inventarios para hacerlo ver mejor de lo que es de tal manera que él pueda recibir su bono. Debido a que nadie ha revisado, la discrepancia es muy alta." No hace falta decir, que el gerente fue despedido, un nuevo inventario fue hecho y otros inventarios fueron auditados en sus otras tiendas. Afortunadamente, él no encontró ninguna otra diferencia significativa. Una vez tuvimos información correcta, procedimos a trabajar en sus diferencias y buscar formas para reducir su desperdicio real.

Si usted no está haciendo sus propios inventarios, acostúmbrese a auditar el inventario de su negocio por lo menos cada trimestre.

2. Tenga recetas exactas

Para poder saber dónde está y hacia dónde necesita ir, usted necesita información exacta. La primera información que usted necesita para manejar apropiadamente su costo total de producto es conocer su costo ideal para cada producto en su menú, o línea de productos basado en lo que usted vende cada día, semana y mes.

La única manera de saber su costo ideal de producto para un día o un rango de fechas es teniendo un sistema POS (computadora) que le proporcione esa información. Su sistema de POS puede hacer eso si usted ingresa los productos, sus recetas detalladas y completas y sus costos. Ésta es una tarea retadora y que consume tiempo, pero es un paso crucial y absolutamente necesario para administrar su costo de producto apropiadamente. Así mismo, cada vez que el precio de cualquier ingrediente del producto cambia, o una receta o precio del producto fluctúa, esa información necesita actualizarse en el sistema para que su costo de producto esté siempre correcto.

Sin un POS que calcule y proporcione reportes sobre su costo ideal de producto, usted sabrá qué, y cuántos productos está usando, pero no sabrá cuanto debió haber usado. Teniendo la mitad de la ecuación no es garantia de éxito. Es como patear la pelota sin saber dónde está la portería. Usted sabrá donde cayó la pelota, pero no sabrá si está en el lugar correcto.

Aquí hay un ejemplo del costo de comida ideal para un producto del menú:

Receta de Hamburguesa

Pan	1 pan	0.12
Carne	1 carne (2 oz)	1.05
Lechuga	1 hoja (30 g)	0.08
Tomate	1 rodaja (45g)	0.15
Cebolla	2 anillos (40g)	0.11
Salsa	1 oz	0.18
Caja	1 caja	0.27
Bolsa de papel	1 bolsa	0.13
Servilleta	1 servilleta	0.04
Costo Ideal de Receta:		**$2.13**

3. Establezca precios justos

Usted decide cuál será el costo de su producto en el momento en el que usted define quien será su distribuidor, escoge su menú o línea y establece su precio. La tercera parte de los puntos de control de ganancia es asegurar que usted tiene un precio justo para el cliente a un costo de producto con el que usted esté contento y que cumpla con su plan de negocios y metas financieras.

Para establecer sus precios, usted debe considerar varias cosas:

☐ Calcular el costo ideal de producto de cada producto de su menú o línea de productos

☐ Definir qué porcentaje del costo de producto usted quiere y utilizarlo para calcular su precio inicial

☐ Observar los precios de los franquiciatarios vecinos en la misma marca

☐ Observar los precios de sus competidores cercanos

☐ Asegurarse de comparar manzanas con manzanas e incluir todos los acompañamientos y bebidas (si están incluidos), en el caso de un restaurante

Costo Ideal de Hamburguesa	$2.13
Precio al 30% de Costo	$7.10
Franquiciatario cercano	$7.25
Competidores cercanos	$7.80
Precio final:	$7.35
Costo de Comida Final:	28.9%

4. Haga la orden de producto correcta

Para hacer la orden correcta al distribuidor, usted necesita estos tres datos:

- ☐ Proyección de ventas precisa
- ☐ La cantidad de días para los cuales usted necesita la orden de producto
- ☐ Cantidad de producto que usted tiene en inventario de cada producto el día que usted esté haciendo la orden

El hacer la orden correcta inicia con tener proyecciones de ventas precisas. Usted necesita estimar las ventas para los días que su orden de producto cubrirá de tal manera que usted no ordene demasiado y tenga desperdicio o no tenga espacio donde ponerlo, o muy poco y se quede sin producto. En otras palabras, usted estará ordenando producto para cubrir cada día desde el día que usted hace la orden hasta el día que la *siguiente* orden de producto llega. Esto es muy importante si su negocio es de comida y tiene producto perecedero.

Usted debe descontar el producto que tiene en inventario el día que coloque la orden de la cantidad total de producto que usted estima necesitará. Asegúrese de que su inventario esté correcto, o su orden de producto no será correcta.

Idealmente, usted tendrá un Sistema POS que le ayudará con el proceso y lo hará tan exacto y eficiente como sea posible.

Pedido de Producto = Producto necesario − Inventario presente
(para rango de días)

5. Reciba su orden

Muchos dueños de negocio pasan por alto la importancia de recibir su orden de producto. Ellos confían en que lo que fue ordenado está en la factura y es lo que se están enviando. La realidad es que el error humano es posible, y los errores y mala manipulación ocurren durante el envío. Depende de usted asegurarse de recibir toda el producto que ordenó y que sea de calidad suficiente para que tenga el tiempo de vida útil por la que usted pagó.

Estos son los pasos que usted necesita para minimizar su desperdicio:

☐ *Asigne responsabilidad* − Alguien debe ser responsable de recibir el producto y tomar los pasos necesarios para asegurarse de que usted obtenga lo que ordenó.

☐ *Revise cada producto* − Usted debe revisar no solo la cantidad, sino que también la calidad de lo que recibe.

☐ *Revise la integridad del empaque* − Asegúrese de que todos los paquetes estén sellados y que su contenido esté completo.

☐ *Revise las temperaturas* – El producto refrigerado debe estar a una temperatura de entre 33–40°F. Si no lo está, entonces usted no debe aceptarlo. Usted estaría corriendo un riesgo de enfermedades transmitidas por alimentos, calidad reducida y vida útil limitada en la estantería. El producto congelado debe ser duro al tacto o usted se estará arriesgando a la reducción del tiempo de vida útil en estantería.

☐ *Almacene inmediatamente* – Tan pronto como usted termine de revisar la orden, almacene el producto inmediatamente. La comida nunca debe ser colocada en el piso, y la comida refrigerada y congelada debe colocarse en refrigeración de inmediato.

☐ *No acepte producto dañado* – Si usted descubre producto dañado o en exceso, no lo acepte. Asegúrese de que el recibo de la orden documente de manera apropiada cualquier producto rechazado y que el conductor del camión repartidor firme acuse de recibo.

☐ *Tome nota de cualquier faltante de producto* – Si usted nota que hay producto faltante, asegúrese de que éste sea anotado en el recibo y que el conductor del camión repartidor firme acuse de recibo para que usted obtenga el crédito apropiado.

6. Almacenaje apropiado

Su producto pasará mucho tiempo en almacenamiento en su negocio, y ésta necesitará cuidado la totalidad del tiempo que permanezca allí. Esto es especialmente importante con comida.

☐ *Control de temperatura* – El primer elemento de protección para su comida y productos es el control de temperatura. Asegúrese de que su equipo esté a las temperaturas apropiadas.

Refrigeradoras	34°F to 39°F
Cuartos fríos	34°F to 39°F
Congeladoras	5°F to -10°F
Cuartos de congelación	0°F to 10°F

☐ *Primero en Entrar – Primero en Salir (FIFO, por sus siglas en inglés)* – Este principio básicamente establece que usted debe tener un procedimiento para asegurarse de que el producto más antiguo sea utilizado primero.

☐ *Etiquetado* – Estoy segura de que usted ha escuchado el dicho, "Un lugar para cada cosa y cada cosa en su lugar." Siguiendo esta regla le permite a usted reducir los errores y desperdicio, e incrementar la eficiencia operacional. El utilizar etiquetas para asignar los lugares de almacenaje apropiados reduce los errores.

☐ *ServSafe* – Éste es un programa de capacitación que le enseñará a usted todos los detalles, procesos y procedimientos de cómo almacenar su producto de una manera segura. Mientras el enfoque está en la seguridad de la comida, el beneficio secundario es la calidad de la comida y tiempo adecuado de vida útil de los productos. Yo recomiendo encarecidamente de que tanto usted como todos sus gerentes tomen este curso y se asegure de mantener su comida segura, así como maximizar el tiempo de vida útil en estantería y conservar la calidad. Usted puede averiguar más en www.servsafe.com.

☐ *Registre cualquier desperdicio* – Siempre registre cualquier desperdicio que ocurra sobre la marcha y su causa. Esto le permitirá averiguar cuáles son los problemas y encontrar las formas de reducirlos o eliminarlos.

7. Preparación apropiada

La preparación sistemática de producto es el secreto para la facilidad operacional, control de desperdicio, cuidado de vida útil en alacena y seguridad de alimentos.

☐ *Calcule los rendimientos de procesamiento* – El rendimiento de procesamiento es cuando usted tiene un producto sin procesar que se procesa y prepara, como la lechuga a hojas u onzas de lechuga para ensaladas. Hay partes de la lechuga que usted no utiliza y que por ende son tiradas a la basura. Lo que queda es el rendimiento de procesamiento de una cabeza de lechuga. Por ejemplo: de una cabeza de lechuga, usted obtiene 35 onzas de hojas de lechuga.

☐ *Calcule el rendimiento por receta* – El rendimiento de la receta es el número de porciones que salen de la comida preparada y según es empacada o cocinada. Por ejemplo: de una receta de arroz preparado, usted obtiene 48 porciones de arroz, cada porción de 3 onzas.

☐ *Utilice siempre recipientes de la misma medida* – Una vez usted tiene sus rendimientos por receta, usted puede utilizar los recipientes de mayor tamaño que puedan trasladarse fácilmente del almacenaje a la línea de cocina. Los recipientes deben escogerse basados en cuántas porciones (según las recetas) caben en los mismos. Por ejemplo, el número de porciones de arroz que un recipiente puede acomodar, como se muestra arriba. Una receta de arroz que produce 48 porciones de 3 onzas cada porción puede distribuirse en 3 recipientes de 16 porciones cada uno. Cada recipiente tendría 3 libras de arroz que es equivalente a 16 porciones.

☐ *Transferencia a la línea de producción* – Cuando usted utiliza recipientes para almacenar basándose en el rendimiento de las recetas, usted puede transferir los recipientes tomando en cuenta el número de porciones que usted empleará en el próximo período de comida. Esto reducirá la exposición a la manipulación y temperatura, lo que protegerá el tiempo de vida útil y calidad. Siempre use el mismo tamaño de recipiente para los mismos productos. Ésto hará que el inventario sea mucho más fácil y rápido.

☐ *Registre cualquier desperdicio* – Siempre registre cualquier desperdicio que surja sobre la marcha y comente sobre la causa. Esto le permitirá a usted conocer los problemas que se tienen y encontrar las maneras de reducirlos o eliminarlos.

8. Montaje de línea apropiado

El objetivo de tener un montaje de línea apropiado es mantener la calidad del producto y limitar la cantidad de producto que usted pone en la línea. Tambien es importante tener lo que se necesita, cuando se necesita. Usted hace eso con los siguientes métodos:

☐ *Control de temperatura* – El equipo que almacena el producto debe estar a una temperatura adecuada (frío o caliente). Esto asegurará la calidad del producto y la reducción del desperdicio.

☐ *Cantidades controladas* – Solo coloque en la línea de producción el producto que usted estará utilizando en las siguientes cuatro horas. Ésto asegurará la máxima calidad y reducción del desperdicio.

☐ *Reabastecimiento de fácil acceso* – Siempre use recipientes que puedan transportarse fácilmente del almacenaje a los gabinetes de la línea y al mostrador de la línea. Idealmente, usted estará usando los mismos recipientes que pueden ir directamente sobre la línea:
   o frio: insertos plásticos transparentes con tapaderas
   o caliente: insertos metálicos con tapaderas

☐ *FIFO* – Siempre utilice primero el producto más antiguo para evitar contaminación cruzada. Una vez se ha utilizado todo el producto, usted puede reemplazar el producto con un recipiente preparado completamente nuevo.

☐ *Registre cualquier desperdicio* – Siempre registre cualquier desperdicio que surja sobre la marcha y comente sobre la causa. Esto le permitirá conocer sobre los problemas que se tienen y encontrar las maneras de reducirlos o eliminarlos.

9. Siga los procedimientos de cocinado

☐ *Tenga recetas claramente definidas con guías de trabajo con fotos* – Estas recetas pueden utilizarse como guías para asegurar la consistencia del producto y control de porción.

☐ *Siga las recetas* – Si las recetas no se siguen, entonces no habrá calidad de producto y consistencia. Siempre utilice los utensilios pequeños y herramientas de control de porción adecuados.

☐ *Registre cualquier desperdicio* – Siempre registre cualquier desperdicio que surja durante la marcha. También comente sobre la causa. Esto le permitirá a usted conocer los problemas que tienen y encontrar las maneras de reducirlos o eliminarlos.

10. Emplatado/empaquetado adecuado

☐ *Tenga procedimientos definidos claros con guias de trabajo con fotos* – Esto asegurará que cada producto empacado y emplatado se verá exactamente igual cada vez. Siempre utilice pequeños utensilios y herramientas de control de porción adecuados.

☐ *Tenga un punto de control de calidad* – La última persona en ver el producto en el recipiente o en el plato, y antes de darsele al cliente, debe ser la responsable del control de calidad y consistencia.

☐ *FIFO* – Empaque y coloque una orden/una mesa a la vez y asegúrese de que tan pronto como la orden esté completa, sea despachada. Siempre enfóquese primero en las órdenes antiguas. Ésto asegurará la calidad y frescura del producto, la reducción de errores y el buen servicio al cliente.

☐ *Registre cualquier desperdicio* – Siempre registre cualquier desperdicio que ocurra sobre la marcha. También comente sobre la causa. Esto le permitirá a usted conocer los problemas que tienen y encontrar las maneras de reducirlos o eliminarlos.

APROVECHE A SU FRANQUICIANTE

Su marca tendrá recetas detalladas de cada producto en su menú. Si usted tiene un POS aprobado por la marca, ellos probablemente tengan dichas recetas y manejan dichos productos en su POS. Este es uno de los grandes beneficios de pertenecer a una marca. Es buena idea conocer cómo llegar a los archivos de recetas y revisarlos ocasionalmente, escogiendo productos de manera aleatoria cada vez. Si usted descubre cualquier error, repórtelo a la marca para que ellos puedan corregirlo por usted y todos los franquiciatarios.

El control del costo de producto probablemente sea el tema #2 entre sus colegas franquiciatarios, después de las ventas. Todos ellos tendrán ideas y mejores prácticas de cómo manejarlo. Asegúrese de escuchar a los que lo están haciendo bien y los que tienen los mejores resultados. Su consultor de la franquicia puede referirlo a los mejores franquiciatarios que se puedan contactar para aprender de ellos.

CAPÍTULO 9

Domine su costo laboral

"Nosotros crecemos porque luchamos, aprendemos y triunfamos."
–R.C. Allen

Algunas veces el reducir significativamente su costo laboral puede realizarse con una simple modificación sutil en la forma como usted hace las cosas. John, uno de mis clientes, no podía creer el impacto después de que yo sugerí que él hiciera un cambio leve en su horario. Yo sugerí, "No programe el ingreso de todos al mismo tiempo cada día. En lugar de eso, eche un vistazo a su volumen por hora y programe a la gente para que entren a trabajar cada 15 o 30 minutos conforme sus ventas aumentan, y luego haga que ellos se retiren a casa cada 15 a 30 minutos conforme las ventas disminuyan. A esto se le llama horario escalonado. Luego asegúrese de que ellos sigan el horario de la manera como fue escrito. Esta técnica le puede ahorrar de 30 – 50 horas por mes en mano de obra dependiendo del número de empleados que usted tenga cada día."

John implementó esta técnica simple pero efectiva, y me llamó dos semanas después. "¡No puedo creerlo!" dijo él. "¡Hice el horario escalonado y aparte de un par de quejas sobre la reducción de horas, funcionó increíblemente bien! Me ahorré 12 horas en mano de obra la semana pasada y no tuve tantas personas deambulando haciendo nada."

¡Esa llamada me hizo el día!

Como John lo mencionó, al principio puede haber un impacto en el estado de ánimo de los empleados debido a la reducción de horas. Usted necesita manejar cuidadosamente estos tipos de cambios. Cada vez que usted implemente algo que pueda tener un impacto negativo en su equipo, asegúrese de introducirlo lentamente para que todos tengan la oportunidad de adaptarse. En el caso de John, en la medida en que él tenga deserción, el tendrá menos miembros en el equipo y por ende podrá darle a cada uno de ellos más horas en días distintos.

8 puntos de control de ganancia en el costo Laboral

El costo laboral usualmente es el segundo mayor costo en su P&L. Si usted no planifica cuidadosamente su estrategia laboral, usted podría estar tomando decisiones sobre la marcha que no solo le costarán caro, sino que también le tomará mucho tiempo corregir el problema si usted quiere minimizar el impacto general en su negocio. Digamos que cuando usted abrió por primera vez, por ejemplo, usted ofreció diferentes salarios iniciales para puestos similares a sus nuevos empleados, talvez porque a usted le agradaba una persona más que otra o porque cada nuevo candidato lo encontró a usted con distinto estado de ánimo. Talvez algunos parecían tener más experiencia que otros. Entonces, usted comienza a tener problemas de estado de ánimo en los empleados porque ellos averiguaron cuánto gana cada uno (siempre lo hacen) y no entienden porqué "el tipo haragán" está ganando tanto más dinero que los otros. Entonces no solo tendrá un problema de estado de ánimo, sino que también un problema de motivación, uno que podiera impactar sus operaciones y la experiencia de sus clientes.

Los siguientes 8 puntos de control de ganancia laboral ayudarán a guiarlo en los procesos con los que usted necesita contar para evitar inconsistencia y desperdicio en sus prácticas laborales.

1. Defina los salarios cuidadosamente

El definir sus salarios por puesto de trabajo es el primer paso crítico en el manejo de su costo laboral, porque una vez esos se han establecido, usted no puede cambiarlos, a menos que usted los aumente o despida a las personas. También, si usted contrata a personas y luego define el salario que les pagará a ellos, usted puede estar influenciado por lo que ellos quieren o por qué tanto le agradan. El definir sus salarios debe ser una acción objetiva, y debe estar basada en dos elementos: 1) necesidades del negocio y 2) mantenerse competitivo. Es importante que usted haga su tarea, averigüe lo que los negocios en el área están pagando por trabajos similares y lo compare con lo que su plan de negocios requiere. Si usted hizo su tarea cuando creó su plan, éste debe coincidir.

☐ *Defina los salarios durante la capacitación* – es posible que usted le pague a alguien menos mientras se está capacitando, a menos que la ley no lo permita o su competencia no lo haga. Usted no quiere que sea esa la razón por la cual usted pierda a un gran candidato.

☐ *Defina los salarios por puesto de trabajo* – A la mayoría del personal se le paga salarios similares si realizan trabajos similares. Puede haber una diferencia si hay trabajos que son significativamente diferentes, más difíciles de realizar o más difíciles de contratar. Por ejemplo, los meseros ganan propinas, por lo que se les paga un menor salario. Los cocineros freidores podrían ganar un salario un poco mayor porque su trabajo es más duro y esa posición es más difícil de contratar. A los asistentes de gerente o encargados de turno se les paga más que al resto de empleados porque sus responsabilidades son mayores. Al gerente general se le paga el mayor salario ya que ellos tienen la máxima responsabilidad de lo que suceda en el negocio ya sea estén en el local o no.

☐ *Defina cómo/dónde dar aumentos* – Es importante que usted tenga un proceso claro por medio del cual usted otorgue aumentos, de tal manera que usted solo tenga que utilizarlo cuando el proceso lo requiera y su equipo sepa exactamente qué esperar y cuándo esperarlo. Estos puntos de evaluación usualmente tienen lugar cada seis meses o cuando se logran ciertos niveles de capacitación.

☐ *Salarios máximos* – Hay una cantidad máxima de dinero que se puede pagar por un puesto. Todos en su equipo necesitan estar claros de que una vez se alcanza este máximo, la única forma de recibir un aumento es crecer a una posición de mayor nivel que pague más.

Teniendo claridad con relación a los salarios, le permite a usted planificar apropiadamente su costo laboral y hacer una proyección de dónde usted estará a un corto o mediano plazo. A lo largo de los meses y años, usted terminará con empleados que tengan diferentes salarios aun cuando ellos ocupen el mismo puesto. Esta discrepancia solo deberá existir por antigüedad en el desempeño. Esto significa que ellos fueron evaluados de acuerdo con su proceso formal de revisión y recibieron un aumento debido al excelente desempeño continuo. Se recomienda que los miembros de su equipo no reciban aumentos simplemente por antigüedad. La antigüedad solo debe darles el privilegio de ser evaluados para la posibilidad de recibir un aumento basado en el desempeño. Si usted crea una cultura en la cual un aumento se espera simplemente por antigüedad, entonces no habrá incentivo para realizar un buen trabajo. No siente un precedente a menos de que usted esté dispuesto a sufrir las consecuencias.

2. Contrate y capacite a las personas correctas

Su mejor herramienta para tener el mejor costo laboral posible en su negocio es la retención del personal. Todo lo que usted haga como líder importa y determinará qué tanto tiempo su equipo permanece con usted, lo que afectará sus costos. Muchos empresarios contratan a la primera persona que se asoma para aplicar a un trabajo – especialmente en negocios en los que están cortos de mano de obra y desesperados por conseguir empleados… cualquier empleado. Encontrarse en esta situación es muy peligroso, porque si usted contrata al empleado equivocado, usted estará pagándolo cada día hasta que ellos se vayan.

Una vez usted define los salarios por puesto de trabajo, usted puede comenzar el proceso de contratación. El contratar a las personas correctas será un factor crítico no solo para el control de su costo laboral, sino que también para su negocio en general. La industria de servicio es una industria de personas y todo inicia y termina con las personas en su equipo. ¡Si usted escogió a las correctas, a usted le irá muy bien! Si no, a usted no le irá bien. Es así de simple.

Después de que contrate a las personas correctas, usted necesita asegurarse de integrarlos y capacitarlos apropiadamente. Usted puede encontrar mucho a este respecto en el Capítulo 4, "Cuide a su gente".

El contratar y capacitar a las personas *correctas* le ayudará a controlar los costos de las siguientes maneras:

☐ *Reducción de Rotación de Personal* – Si usted tiene muchas personas *correctas*, todo su equipo querrá quedarse más tiempo. Si ellos se quedan más tiempo, realizarán mejor su trabajo porque ellos tendrán experiencia y usted no tendrá que gastar dinero para contratar y capacitar personas nuevas.

☐ *Menos errores* – Las personas *correctas* cometerán menos errores porque a ellos les importará más, lo que reducirá su desperdicio y mejorará la calidad, exactitud y servicio al cliente.

☐ *Mayor eficiencia* – Usted necesitará menos personas para hacer el trabajo. Si usted necesita menos personas, usted gastará menos dinero en mano de obra.

Este proceso de seis pasos para contratar a las personas adecuadas se describe en el Capítulo 3, "Tenga a las personas adecuadas a bordo". ¡Si usted le da seguimiento al proceso con disciplina, usted tendrá un gran equipo! Los seis pasos para contratar a las personas adecuadas son:

1. Crear perfiles de empleados detallados
2. Reclutar tantas personas como usted pueda
3. Entrevistar cuidadosamente a los candidatos
4. Contratar solo a los que tengan el perfil deseado
5. Realizar una orientación inicial apropiada al trabajo y la compañía
6. Capacitarlos para que ellos se puedan sentir capaces

3. Promueva desde adentro

El traer gerentes de afuera de su organización puede resultar ser una propuesta más cara y riesgosa que promover desde adentro. Usted no solo gastará más tiempo y dinero, sino que también se estará arriesgando con alguien que usted no conoce realmente.

Estos son algunos de los inconvenientes de contratar personas externas:

☐ Gastos de reclutamiento
☐ Gastos publicitarios de la posición
☐ Mucho tiempo de selección y entrevistas
☐ No conocer al individuo
☐ El estado de ánimo del equipo se viene abajo
☐ Puede impactar la retención
☐ Mucha capacitación es necesaria

Estos son algunos de los beneficios de las promociones internas:

- ☐ No hay gastos de reclutamiento
- ☐ Reducción de tiempo invertido en la selección y entrevista
- ☐ Conocer al individuo
- ☐ Aumenta el estado de ánimo del equipo
- ☐ Se incrementa la retención
- ☐ Se requiere menos capacitación

Es cierto que hay veces que simplemente no tenemos candidatos internos de dónde escoger. Esto es algo que usted tiene que mantener en mente cuando esté contratando personal. Contrate por el potencial y la posibilidad de que ellos puedan ascender a niveles más altos más adelante. Una vez usted identifica a esos futuros líderes, cree un plan de sucesión y capacítelos para que puedan subir a líderes cuando usted los necesite.

4. Proyecciones de volumen/ventas

El siguiente Punto de Control de Ganancia para el costo laboral es tener proyecciones de volumen precisas. La proyección de volumen será lo que determine la cantidad de personas que usted necesitará y cuándo las necesitará. Para ser capaz de hacer el horario y planificación laboral más exacta, usted necesitará proyecciones de ventas diarias y por hora basadas en su historial diario. Por ejemplo, un lunes no se comporta de la misma manera que un viernes o un sábado. Cada día tiene una tendencia diferente hora por hora. Aquí es cuando su POS puede arrojar la información detallada necesaria con el mínimo de esfuerzo, si este tiene dicha funcionalidad. Algunos POS ya vienen con funcionalidad de alto nivel y toman todos los elementos que se muestran a continuación para proporcionarle una proyección de ventas recomendada.

Para determinar las ventas diarias en general, usted necesitará revisar:

☐ Ventas anuales previas
☐ Ventas de la semana anterior
☐ Tendencias actuales de ventas
☐ Pronóstico del tiempo
☐ Temporada
☐ Eventos locales

5. Programación de horarios

El hacer su horario es una tarea crítica para la administración de su mano de obra. Esta actividad llevará una cierta cantidad de tiempo significativo si usted toma en consideración toda la información necesaria. Todo el tiempo que ocupe en hacer el horario de su equipo es tiempo bien invertido.

Cuando haga su horario, tome los siguientes aspectos en consideración:

☐ *Defina los parámetros de su compañía* – Como compañía, usted necesitará decidir los parámetros que utilizará para hacer los horarios. Estos parámetros afectarán su costo laboral. Analice y entienda los pros y contras de cada uno. También, esté consciente de que una vez usted establece los parámetros de su compañía, será muy complicado cambiarlos sin provocar un problema potencial de estado de ánimo al empleado, especialmente si dichos cambios no son favorables a los empleados.

Algunos de los parámetros a considerar son:

o Duración mínima de los turnos
o Tiempo antes de abrir y después de cerrar
o Tiempo de traslape entre turnos
o Recesos
o Requerimientos de disponibilidad

o Programación escalonada
o Proceso de solicitudes especiales (días libres, vacaciones, etc)

☐ *Basado en la necesidad del negocio y no en la necesidad de las personas* – Muchas veces, los horarios se hacen basándose en cuándo las personas quieren trabajar y no en las necesidades del negocio. Es definitivamente importante tomar en consideración las necesidades del empleado, pero no sobre las necesidades de su negocio. Usted puede terminar sin negocio y ellos sin trabajo.

☐ *Realice ajustes cuando sea necesario* – Si en algún momento las ventas no van de acuerdo con las proyecciones, es imperativo que usted haga ajustes, ya sea llamando a más gente porque las ventas son mayores a lo esperado o mandando gente a su casa porque las ventas son menores de lo esperado. El tener la habilidad de manejar estas discrepancias definirá qué tanto desperdicio tendrá usted y la experiencia de su cliente cada día.

☐ *Cumpla con la ley* – Asegúrese de informarse sobre las leyes locales, estatales y federales sobre los horarios. El ignorar estas leyes puede poner en riesgo a su negocio tanto legal como financiero.

☐ *Horarios semanales* (lunes- domingo) – La mayoría de los horarios se hacen una semana a la vez. Sería preferible si usted pudiera hacerlo por más tiempo si su negocio es lo suficientemente estable. Si no lo es, entonces manténgalo una semana a la vez para que no tenga usted que hacer muchos cambios al horario una vez éste se publica y se comparte. Idealmente, no habrá cambios en el horario una vez se publica éste. Si hubiera algún cambio, no espere que sus empleados se den por enterados. Asegúrese de comunicárselos directamente a ellos, especialmente si ellos no tienen manera de ver el horario antes del turno cambiado.

☐ *Cantidad* mínim*a de empleados* – Una vez usted determina su horario y número ideal de personas, determine el número mínimo de empleados con los que sus operaciones pueden ser manejadas, y si en cualquier momento disminuye más allá de ese nivel, usted necesita tener un plan proactivo para reemplazar al personal faltante de tal manera que usted nunca se encuentre en niveles críticos de disponibilidad de personal, que pueda afectar la eficiencia y servicio.

6. Tiempo extra

Hay algunas circunstancias en las que el permitir turnos y pagos de tiempo extra hace sentido. Pero la mayor parte del tiempo, el tiempo extra no es algo bueno. El tiempo extra puede ser más barato cuando usted solo necesita un empleado por una o dos horas extras. Pero si usted se encuentra pagando tiempo extra debido a la mala planificación y todo lo que usted hace es aumentar su costo laboral en 50%, entonces debe tomarse acción inmediata. Muchas de las veces, el tiempo extra proviene de los empleados más productivos y de aquellos con disponibilidad flexible porque usted depende tanto de ellos. Esto es algo que puede ser corregido con sus prácticas de contratación. Si usted tiene muchas de las personas *correctas*, entonces el tiempo extra se reduce porque usted puede distribuir las horas entre ellos.

7. Cumplimiento del horario

Aquí es dónde la teoría se pone a prueba y el hacer un muy buen horario no es suficiente. Usted necesita asegurarse de que el horario se siga cada día y cada hora para que éste sea efectivo. Éstas son algunas de las cosas que usted puede hacer para mejorar el cumplimiento del horario:

☐ *Los empleados presenten solicitudes anticipadas de días libres que desean* – Usted necesitará definir cuándo y cómo su equipo puede hacer un requerimiento especial de días libres. También defina cuánto tiempo de anticipación necesita usted. Normalmente debe ser por lo menos dos semanas por adelantado para días libres y 30 días de antemano para período de vacaciones.

☐ *Finalice el horario una semana por adelantado* – Es importante notificar a su equipo con suficiente antelación para que planifiquen su vida, especialmente hoy en día con las nuevas generaciones. Ellos valoran mucho su tiempo libre y apreciarán se les notifique con la mayor anticipación posible.

☐ *Publique el horario a más tardar el jueves* – Si usted publica el horario final a más tardar el jueves, aún permite una ventana de un día para solucionar cualquier problema o conflicto que surja. Idealmente, usted utilizará algún tipo de sistema tecnológico para que su equipo tenga acceso a su horario en línea en cualquier momento.

☐ *Ningún cambio después del cierre del viernes* – Ningún cambio se debe permitir después del viernes para que todos tengan el fin de semana completo para revisar el horario y prepararse para la siguiente semana.

☐ *Los empleados buscan su propio reemplazo* – Si hubiera necesidad de algún cambio para un empleado, hágalo la responsabilidad de ellos el encontrar su reemplazo. Esto lo liberará a usted para que maneje su negocio y no ocupar tiempo tratando de buscar quien cubra el turno.

☐ *Consecuencias por incumplimiento* – Debido a que las cosas suceden y a veces los miembros del equipo no cumplen con sus compromisos de horario, es necesario establecer consecuencias por incumplimiento. Estas consecuencias necesitan llevarse a cabo de manera objetiva y consistente. A fin de cuentas, cuando un miembro del equipo no cumple su horario, todos resultan damnificados. El equipo que queda haciendo el trabajo, los clientes y su negocio sufren, y eso es inaceptable.

8. Conozca sus números

Hay varios números que usted necesita conocer para el manejo de su costo laboral. La mayor diferencia administrativa entre costo laboral y costo de producto es que con algunos sistemas POS usted puede calcular la mano de obra por hora, mientras que usted solo sabrá su costo real de producto cuando realice el inventario. Con la mano de obra, usted no tiene que esperar hasta finalizar el turno para saber dónde está usted. Si su sistema POS tiene esta funcionalidad, aprovéchelo al máximo.

Éstos son los números que usted necesita conocer:

☐ *Proyecciones de ventas* – Usted necesita conocer esto en intervalos de una hora. Así es como usted administra su mano de obra. El tener proyecciones por hora le permite a usted hacer ajustes de mano de obra por hora. Algunos franquiciatarios emplean las ventas totales, algunos otros usan el número de transacciones.

☐ *Proyecciones de costo laboral* – Estas proyecciones vendrán después de que usted complete su horario y usted sepa cuántas horas usted programó y quienes estarán trabajando. Esto le da el costo laboral proyectado del día.

☐ *Costo laboral real* – Ésto es lo que usted en realidad gastó al final del día con el tiempo real trabajado por las personas y sus respectivos salarios.

Costo de Labor $ = # de Personas x # de horas x Salario por hora
Costo de Labor % = Costo de Labor $ / Ventas Netas

☐ *Horas extras* – El tener horas extras es rara vez la decisión correcta, sin embargo, hay veces que tiene sentido. Lo que es importante es que usted esté consciente de que usted le estará pagando a una persona lo que pagaría por 1.5 personas. Escoja de manera inteligente.

☐ *Horario diario* – Siempre tenga claro quién se supone debe estar en el turno y la hora a la que ingresan y se retiran para que usted pueda monitorear el cumplimiento del horario.

☐ Índice *de cumplimiento del horario* – Para calcular su índice de cumplimiento del horario, usted divide el número de horas laborales utilizadas entre el número de horas laborales programadas, a partir de esto usted sabrá si en general usted estuvo cerca de las mismas horas. Si se sigue el horario, el índice debe ser cercano a uno. Si las ventas estuvieron bajas y el gerente hizo un ajuste retirando a las personas más temprano, entonces el índice será menor que uno. Si las ventas fueron mayores o el horario no se cumplió y las personas ingresaron más temprano o se quedaron más tiempo, entonces el índice será mayor que uno. Este número no le da todo el panorama, pero le permite identificar dónde comenzar a buscar.

Cumplimiento de horario = $\dfrac{\text{\# de horas usadas}}{\text{\# de horas en horario}}$

☐ *Desperdicio de mano de obra* – Algunas veces es difícil determinar su desperdicio de mano de obra. Aun cuando usted calcula su tasa de cumplimiento de horario, esto no determina el desperdicio. Solo le dice a usted si el horario se cumplió. Si el horario no se programa apropiadamente, puede haber desperdicio en él. Si las ventas disminuyeron levemente y nosotros no hacemos ajustes por la preocupación de un servicio deficiente, puede que usted no considere ese como desperdicio laboral. Hay tres elementos que causan desperdicio laboral y mientras usted haga todo lo que pueda para elaborar el horario correcto y luego seguirlo, entonces el desperdicio será mínimo.

Los tres elementos que provocarán desperdicio de Costo Laboral son:

Desperdicio de Labor	=	Proyecciones Incorrectas	+	Mal Horario	+	No Cumplimiento de Horario

Es importante señalar que mientras usted planifica su costo laboral, usted no reduce las horas laborales solo teniendo en mente el gasto. La mano de obra y los horarios deben planificarse de tal manera que usted los maneje tan ajustado como sea posible, sin arriesgar tener un servicio o producto deficiente debido a la falta de empleados. La meta deberá ser utilizar la menor cantidad de mano de obra y aún brindar un servicio y producto excelente a sus clientes. El servicio deficiente y lento dañará su negocio a largo plazo mucho más que el desperdiciar algunas horas en costo laboral.

APROVECHE A SU FRANQUICIANTE

Programación - Su franquiciante puede darle orientación en programación de horarios con base en el modelo de negocio, los canales de servicio y el diseño del local. Ellos tienen años de experiencia y le pueden indicar qué funciona mejor. Algunos de ellos incluso tienen puntos de referencia que usted puede utilizar para ayudarle a determinar cómo estructurar sus niveles de contratación y hacer sus horarios. Algunos de los puntos de referencia posibles son:

- Estructura de empleados - organigrama con puestos
- Cobertura de puestos por volumen de ventas - usualmente con rangos de ventas
- Cantidad de personal por ventas semanales

- Cantidad de personas por volumen de ventas en dinero por hora
- Cantidad de personas por número de transacciones por hora

Salarios - La marca no puede darle orientación sobre salarios, especialmente si son una marca nacional, porque los salarios son en buena medida una variante local. Este es el tipo de mejores prácticas que usted puede obtener de sus colegas franquiciatarios vecinos. También hay mucho que aprender de las estrategias administrativas del costo laboral que están funcionando para ellos. Algunas de las cosas sobre las cuales usted puede preguntar son:

- Salario por cada puesto
- Parámetros utilizados para programación de horarios
- Porcentaje de costo laboral semanal promedio - relacionado con ventas semanales
- Numero de horas semanales promedio utilizadas - relacionado con ventas semanales
- Consecuencias por incumplimiento de horario
- Cuáles de las normas guía de la marca que ellos utilizan, porqué y cómo.

Una vez usted ha reunido todas las mejores prácticas, usted puede tomar la mejor decisión acerca de lo que funciona para su compañía y su equipo. En ese momento, usted puede definir su propia política y guía, comunicarla claramente a su equipo, ser objetivo y ser consistente en su implementación. Con esto, usted será capaz de dominar la administración de su costo laboral.

CAPÍTULO 10

Cuide el dinero

"La vida recompensa a aquellos quienes permiten que sus acciones
superen a sus excusas."

–LEE J. COLAN

Robert, uno de mis clientes, era un franquiciatario nuevo, nuevo en el mundo del servicio de comida y del negocio en efectivo, y estaba teniendo problemas serios de control de efectivo. Después de hacerle algunas preguntas, descubrí que él estaba utilizando su caja registradora como su cajero automático personal. Cuando él necesitaba dinero para comprar enseres de oficina, comida para la tienda o su almuerzo, él tomaba dinero de la caja registradora y luego simplemente entregaba recibos a su contador. El hacía eso porque él estaba corto de dinero y necesitaba el efectivo a diario para cubrir algunos de los gastos. Debido a que él estaba utilizando el dinero mayormente para gastos del negocio, él no pensó tuviera importancia. Él solo quería ayuda para dilucidar la razón por la cual cada mes él estaba corto de efectivo. De lo que él no se había dado cuenta era que el tomar efectivo de las cajas registradoras para pagar por suministros hacía muy difícil determinar si todo el dinero de las ventas estaba allí, porque no había control diario sobre lo que él estaba tomando o lo que se necesitaba depositar en el banco. Una vez se determinó cuál era el problema, él aplicó para un préstamo comercial para tener capital de trabajo y un sistema fue implementado para contabilizar todas las ventas del día y cuadrar con los depósitos diarios. Robert no volvió a tomar efectivo de su caja registradora para sus gastos y todo el efectivo de las ventas fue directamente al banco. Los problemas fueron detectados y resueltos rápidamente, y su déficit de efectivo desapareció casi completamente.

La cantidad de capital correcta

Una de las razones por las cuales los negocios fracasan es porque no tienen suficiente capital a sus inicios. Muchos emprendedores solo planifican para los costos de inversión inicial y no para gastos de capital sobre la marcha para mantener el negocio y sus vidas personales durante los primeros seis a doce meses iniciales. De alguna manera, ellos creen que estarán generando dinero desde el primer día, y éste no es el caso. Imagínese qué pasaría si éste fuera su plan y después de seis meses usted se da cuenta de que la ubicación que usted escogió no era la correcta y por eso condena al fracaso su franquicia que de lo contrario hubiera sido una excelente inversión. En este caso, usted aún tendrá los derechos de franquicia por los que pagó y el apoyo de su franquiciante. Usted puede reubicar y no perder toda su inversión – pero solo si usted tiene el dinero para rescindir el contrato de arrendamiento que tiene, asegurar uno nuevo y hacer un nuevo depósito, y asumir todos los costos de las mejoras del nuevo inmueble arrendado. La mayoría de su equipo y mobiliario puede ser reubicado, por tanto, esa inversión no tendrá que hacerse de nuevo. Pero si usted no tuviera el capital para la reubicación, estaría atado a una ubicación no rentable que cerrará eventualmente. Con suerte esto no le sucederá a usted, pero debe estar preparado para ello.

¿Cuánto capital de trabajo?

Usted ya pasó por el primer paso de saber cuánto dinero necesita para iniciar su negocio cuando su franquiciante le ha proporcionado un estimado de gastos para abrir una unidad de franquicia. Lo más probable es que ellos le hayan dado un listado de gastos bajo, uno alto y uno término medio, dependiendo del prototipo que usted busca abrir.

Una buena regla general es añadir por lo menos tres meses de capital de trabajo al total de costos asumiendo cero ventas. Esos costos incluyen renta, salarios, costo de producto, servicios públicos, etc. La mejor forma de calcular ésto es revisando su plan de negocios financiero y añadir los gastos de tres meses. Idealmente usted también incluirá el costo de una rescisión de contrato de arrendamiento, un nuevo depósito de arrendamiento y mejoras al nuevo inmueble arrendado. Si esto es demasiado, usted por lo menos debiera saber dónde puede tener acceso a una línea de crédito que le diera este capital si fuera necesario. De esta manera usted no estará pagando interés sobre dinero que no está usando y no tendrá efectivo que no necesita.

Esta cantidad de dinero le dará tranquilidad y le permitirá enfocarse en poner a operar su negocio de la manera correcta: enfocándose en sus operaciones, su equipo y sus clientes.

Después de seis a nueve meses, usted puede reducir ese capital de trabajo a dos meses y después de un año, a 30 días. Éste es el monto que usted siempre debiera tener en reservas de efectivo durante el tiempo de vida de su negocio, junto con una línea de crédito disponible igual a no menos de lo que correspondería a tres meses de gastos operativos. Conforme usted comience a acumular ganancias, usted puede utilizarlo ya sea para reinvertir en su negocio, ahorrarlo para abrir una segunda ubicación y/o... ¡comenzar a ahorrar para su retiro!

¿De quién?

El capital para su negocio puede venir de varias fuentes. La primera es obvia: de sus ahorros personales y/o inversiones. Otra fuente es su familia y amigos, aunque esta opción es rara vez una buena idea. La mejor manera de mantener feliz a su familia y amigos de por vida con usted, es evitar poner dinero de por medio. Otra fuente de dinero sería un préstamo bancario tradicional de su banco local. Si usted ha realizado sus transacciones bancarias con el mismo banco por muchos años, con suerte tendrá una buena relación para la negociación de términos favorables. Si usted ha cambiado de bancos seguido, comience con su banco actual y luego explore otros bancos. No olvide considerar cooperativas de crédito. Ellos suelen tener buenas opciones para préstamos de negocios.

Una muy buena fuente es la página web de la Agencia Federal para el Desarrollo de la Pequeña Empresa de los Estados Unidos (SBA, por sus siglas en inglés). Ellos proporcionan información y orientación invaluable para dueños de negocios nuevos y existentes. Ellos le pueden ayudar a encontrar bancos con los que ellos trabajan para garantizar los préstamos. Dependiendo de la cantidad de su préstamo, ésta podría ser una excelente opción, especialmente si usted está teniendo problemas para calificar por en préstamo con un banco tradicional.

Norma 10-80-10

Ahora que tiene el capital de trabajo que usted necesita para sus operaciones diarias, así como para retos potenciales, necesitamos enfocarnos en cómo mantener seguro el dinero que está entrando a su negocio.

Durante el tiempo que estuve trabajando en una oficina corporativa de una marca grande, yo participé en muchos proyectos de equipo interfuncionales que afectaban las operaciones al interno de la tienda. Durante el receso de una de esas reuniones, tuve una muy interesante conversación con el jefe de seguridad de la marca. Estábamos conversando sobre los problemas de integridad en nuestros restaurantes corporativos. Él dijo, "Aicha, el diez por ciento de las personas siempre le robarán, diez por ciento de las personas jamás le robarán y el restante ochenta por ciento de las personas le robará a usted solo si ellos tienen la oportunidad y una baja posibilidad de ser atrapados. Nuestro trabajo es asegurarnos de no contratar el primer diez por ciento e implementar procesos y procedimientos en nuestras operaciones diarias tal que el ochenta por ciento no tenga la oportunidad de robar y ellos sepan que hay una alta probabilidad de ser descubiertos si ellos lo intentan."

Es increíble cuánta razón tenía él. Durante las muchas veces que yo dirigí restaurantes, áreas y regiones, una gran parte de mi trabajo era trabajar de cerca con el equipo de Protección y Seguridad para buscar las oportunidades que permitieran a las personas robar, y cerrar dichas oportunidades para evitar que esos problemas volvieran a darse. Ésta es la razón de porqué es crucial que usted cuide al dinero en cada paso de su trayectoria, de tal manera que tenga los sistemas apropiados para asegurar que se asigne responsabilidad del dinero a una persona durante todo su recorrido hasta llegar al banco.

Cuide el dinero

En cada paso que el dinero da desde que llega a su negocio y vuelve a salir, incluyendo al banco, debe haber una persona responsable del mismo. Es como las reglas de cadena de custodia que siguen los profesionales en evidencia criminal para asegurar que no hay ninguna duda de la responsabilidad e integridad en el proceso. Cuando el dinero cambia de manos, una persona debe firmar descargo de responsabilidad a la otra. De esta manera, siempre está claro quién es responsable del dinero.

1. Tomando pedidos

Si bien es cierto que el dinero puede perderse en cada etapa del flujo del dinero, el momento en el cual sus cajeros toman los pedidos es el más crítico, debido a que aquí es donde el dinero generalmente desaparece. El tener un muy buen POS y una caja registradora con llave, así como un proceso impenetrable para esta etapa, será crítico para asegurarse de que todo el dinero que ingresa llegue al banco.

Su sistema POS debe tener una pantalla para ingresar las órdenes que sea simple, clara e intuitiva para reducir errores y evitar confusión. Éste debe permitir asignar a una persona para que ésta sea la única responsable de cuadrar la caja registradora hasta el final del turno. Nunca asigne a más de una persona a la caja registradora. Si lo hace, entonces la responsabilidad no recae en nadie, debido a que las personas que tuvieron acceso a la caja registradora pueden culparse entre ellas por cualquier faltante. Por tanto, solo una persona se asigna a la caja registradora con llave y solo esta persona será la responsable por cualquier faltante.

Durante el turno, el gerente debe reunir cualquier exceso de efectivo y entregar al cajero un recibo para que se incluya en la cuenta con el efectivo al cuadrar la caja al fin del turno. Usted necesitará determinar la máxima cantidad de efectivo que debe quedar en la caja registradora en todo momento.

Al finalizar el turno, la persona debe realizar corte de caja con un procedimiento que incluya todas las ventas realizadas. El dinero debe estar en forma de recibos de efectivo, recibos de tarjeta de crédito o efectivo en la gaveta, éste debe coincidir exactamente con lo que el POS indica que se vendió.

Usted debe asignar permisos a nivel jerárquico para la cancelación, anulación o el cambio de órdenes finales. Nunca se le debe dar a un cajero la habilidad de hacerlo después de que la orden haya finalizado. Esto no solo frenará la posibilidad de anular, cambiar o cancelar una orden que no debió hacerse, sino que también le dará al gerente la oportunidad de identificar posibles problemas de menú, precio, exactitud, servicio o calidad del producto cuando se les pida hacer un ajuste a la orden debido a cualquiera de esas razones.

Como líder, usted debe conocer su POS y todas sus funciones mejor que cualquiera en su equipo. Esto le permitirá a usted comprender mejor la información y analizar los reportes y la historia que éstos cuentan.

Uno de mis clientes no estaba poniendo atención al proceso de toma de pedidos y sus cajeros tenían acceso a modificar las órdenes. Además de eso, él no estaba revisando los reportes proporcionados por su POS relacionados con el número de órdenes anuladas y canceladas que él tenía. Una vez revisamos el reporte e identificamos que estos ajustes representaban el 3.5% de sus ventas, nos percatamos de la gravedad de sus problemas. Él cambió inmediatamente los derechos de modificaciones dejándolos solo para el gerente y de un dia para el otro sus anulaciones y cancelaciones se redujeron a menos del 1%. ¿Una coincidencia? No lo creo. Este 2.5% se fue directamente a su ganancia porque eran ventas que estaban sucediendo, pero el efectivo no estaba llegando al banco. ¡Una modificación muy rentable!

El uso de tarjetas de crédito

Las tarjetas de crédito se están convirtiendo en el método preferido de pago. El 80% de las transacciones ahora se realizan por medio de tarjetas de débito y crédito. Esto es bueno y malo para los dueños de los negocios. Es bueno porque las compañías de tarjetas de crédito le depositan su dinero directamente a su cuenta, reduciendo la probabilidad de errores que provengan del conteo o el haber dado un vuelto equivocado, reduce la cantidad de efectivo en la tienda y la cantidad de efectivo a depositar. Los últimos dos beneficios también reducen el riesgo de robos. Si no hay mucho dinero en la tienda, entonces es mucho menos atractiva para los ladrones. Muy alto el riesgo para tan poco beneficio.

Lo malo de las tarjetas de crédito es que le cuestan a usted algo entre 1.50 a 3.0% de sus ventas por transacción en cargos por tarjeta de crédito. ¡Estos cargos son casi tan altos como las regalías de su franquicia! Qué tanto tenga usted que pagar dependerá de su volumen y habilidades de negociación. Ésta es un área en la que una negociación seria y la comparación de precios puede dar gran beneficio para sus ganacias. Además de eso, si usted no tiene un buen proceso de manejo de documentación, sus ganancias pueden desaparecer por los reembolsos, de los cuales una gran cantidad son intentos de fraude. El problema está en que usted solo puede combatirlo si tiene la documentación apropiada para probar que fue un cargo legítimo, y usted puede hacerlo solo si puede entregar el recibo original firmado legible. Pregunte a su procesador de tarjetas cual es el proceso que debe seguir para combatir este problema. La realidad es que las tarjetas de crédito y los cargos por tarjeta de crédito llegaron para quedarse. Como dueño de un negocio, usted solo necesita asegurarse de procurar las mejores y menores tasas posibles para minimizar el impacto a sus ganancias y asegurarse de que usted tenga un proceso para administrar los recibos y poder pelear por los reembolsos.

2. Cuadrando la caja registradora

Una vez se ha asegurado usted de que no hay oportunidad de manipulación en la caja registradora, usted necesita ser bien disciplinado para asegurar que ningún cajero deje su turno sin haber hecho el corte de caja. Usted no puede permitir a nadie más en su caja registradora y no puede retrasar el corte para más tarde o para el siguiente día, porque a partir del momento en el que el cajero deja la caja registradora, ya no es responsable si alguien más tiene acceso a ella, aun cuando ellos van al baño. Por tanto, debe haber por lo menos dos cajas registradoras disponibles para que no haya un traslape cuando uno de los cajeros necesite alejarse de su caja y la pueda dejar con llave.

Para sacar el balance de la caja registradora y hacer el corte con el cajero, usted necesita asegurarse de que el cajero entregue el efectivo, los recibos de efectivo y recibos de tarjeta de crédito firmados que sumen el total de ventas registradas en el POS. El POS debe proporcionar un resumen de estas cantidades. Algunos POSs también pueden registrar los depósitos de efectivo. Las cantidades deben ser exactas y cualesquiera discrepancias o problemas necesitan resolverse antes de que el cajero deje su turno.

Ningún dinero se debe retirar de la caja registradora aun para gastos diarios como enseres o mantenimiento. Tales gastos deben ser manejados con cheques o tarjetas de crédito de la compañía; nunca utilizando el efectivo diario del negocio.

El cajero asignado a la caja registradora es el único responsable de asegurarse de que no falte dinero en la caja. Como el franquiciatario y dueño, usted debe definir las políticas y consecuencias para cuando la caja registradora resulte con diferencias de menos o más dinero. El que tenga de más es tan malo como que tenga de menos, porque es una indicación de error o manipulación.

3. Preparar depósitos

El número de depósitos a prepararse durante el día depende del volumen de su ubicación. Idealmente, usted realizará un mínimo de dos depósitos si usted tiene turnos con dos gerentes durante el día. Uno para el primer turno, a realizarse durante el cambio de turno, y el segundo al finalizar el día. Cada gerente debe ser responsable del efectivo en su turno.

La cantidad de dinero a ser depositado debe ser igual al total de ventas del turno menos la cantidad en los recibos de tarjeta de crédito firmados. Eso es todo. No se debe descontar nada más. Ningún efectivo debe retirarse de la caja de seguridad para pagar por los gastos diarios. La cantidad de efectivo a ser depositada debe ser igual a la cantidad que indica el reporte del POS. Cualesquiera discrepancias deben ser resueltas antes de llevar a cabo el depósito.

Solo el gerente a cargo del turno debe cuadrar a los cajeros. El gerente de la tienda responsable del turno es el único responsable de asegurarse de que no falte dinero en el turno. ¡El claro sentido de pertenencia y responsabilidad es clave!

Este procedimiento simple y claro le permitirá a usted revisar la exactitud de sus depósitos utilizando los reportes de su POS y compararlos con las cantidades depositadas en el banco. Esta auditoría debe hacerse a diario o por lo menos cada semana, de tal manera que si hubiera algunas diferencias usted las pueda identificar de inmediato.

¿Caja o no caja?

Hay una pequeña controversia de si usted debe tener una caja de seguridad en su tienda o no. Si usted tiene una cantidad de ventas significativas durante el día, no habría una controversia. Usted la necesita. Si sus ventas diarias son menores a $1,000 por día, entonces usted podrá mantener el dinero en las cajas registradoras hasta el cambio de turno, cuando usted pueda hacer el depósito y llevarlo directamente al banco. Si sus ventas son mayores que eso, entonces usted necesita considerar el contar con una caja de seguridad en su tienda.

Si usted tiene una caja fuerte, necesita determinar la mejor ubicación para la misma. Podría ser al frente de la tienda, la forma como lo hace una marca. Su argumento es que si el ladrón tiene que pararse en frente de la tienda para esperar que el gerente abra la caja fuerte con retardo de tiempo, lo más probable es que ellos no querrán hacerlo debido a la alta posibilidad de ser vistos. Puede estar en la oficina del gerente en la parte de atrás de la tienda, donde otra marca tiene sus cajas fuertes, sin embargo, ellos tienen cajas con doble llave que dan acceso solamente a los que prestan el servicio de transporte blindado que recogen el dinero. En tal caso, un intento de robo sería inútil más allá de las cajas registradoras, debido a que el gerente de la tienda no tiene acceso al contenido de la caja fuerte.

Algo que hay que mantener en mente es que la mayoría de los robos a negocios son trabajos internos. Esto sucede porque los empleados saben cuánto dinero se guarda en la tienda, dónde es guardado y que por lo menos el gerente a cargo del turno tiene acceso al dinero. Por tanto, si usted decide tener una caja fuerte en la tienda, usted necesita tener presente cuál sería la mejor manera de mantener a su gente y el dinero a salvo.

4. Llevarlo al banco

Si usted tiene un servicio de transporte blindado que recoge los depósitos de su caja fuerte, entonces el llevar el dinero al banco es tan fácil como colocarlo dentro de la caja. Los vehículos blindados que prestan el servicio de recoger el dinero garantizan el depósito una vez éste ha sido retirado de la caja fuerte. En ese momento, el único problema que podría haber sería si la cantidad de dinero en la caja no concuerda con el monto de la boleta de depósito. En tal caso, el gerente que hizo el depósito es responsable, a menos de que usted cuestione la integridad del banco. Antes de que usted haga eso, debe estar consciente de que todas las bolsas de depósito son abiertas con videovigilancia, y que el banco puede revisar dichos videos y confirmar la integridad del conteo. Si en algún momento se le presenta a usted ese problema, solicite al banco una auditoria del proceso de conteo del depósito. Si no encuentra problemas, usted debe definir el siguiente paso que debe tomar.

Si usted está llevando físicamente los depósitos al banco, necesitará determinar el proceso a seguir. Debe haber consideraciones tanto de seguridad como operacionales. El llevar dinero al banco probablemente sea una de las tareas más riesgosas que usted solicitará hacer a su equipo, y como tal, usted debe ser muy cuidadoso sobre lo que usted establezca será el procedimiento operativo estándar para esta tarea. Solicite asesoría a la policía local.

Como franquiciatario y dueño, usted debe definir las consecuencias por un depósito que resulte corto o en exceso.

APROVECHE A SU FRANQUICIANTE

Financiando - La mayoría de las marcas no ofrecen financiamiento a sus franquiciatarios. Ellos están en el negocio de administrar una marca y por tanto no están interesados en convertirse en bancos. La mayoría de los franquiciantes cultivan una relación estrecha con varios bancos para facilitar o por lo menos fomentar que ellos provean términos más favorables a inversionistas interesados en hacer crecer sus marcas. Esto es especialmente cierto con marcas que han demostrado ser exitosas.

POS - Por lo general, las marcas hacen un buen trabajo con la selección del POS aprobado. Aproveche toda la capacitación y apoyo que ellos brindan. Si su marca tiene varias opciones, consulte a los franquiciatarios cercanos por el POS que utilizan y el porqué lo usan. También, pida la opinión de su consultor de franquicia. Ellos han visto todos los sistemas utilizados y le pueden indicar cuál es su favorito y porqué.

Cargos por Tarjeta de Crédito - Muchas marcas cultivan relaciones con proveedores de servicio de tarjetas de crédito para utilizar su poder de volumen para beneficio de sus franquiciatarios. De esta manera ellos pueden negociar mejores términos de cuotas que los que usted pueda obtener como dueño de un negocio. Pregunte a su consultor de franquicia si ellos tienen conocimiento de eso, y si no lo tienen (algunas veces ellos no tienen esa información), consulte a sus franquiciatarios vecinos por los que ellos utilizan y las cuotas que pagan.

Manejo de Efectivo - El manual de operaciones de su marca puede contener alguna orientación relacionada con los procedimientos de seguridad para el manejo de efectivo en su tienda, incluyendo depósitos en el banco. Revise esa información cuidadosamente y tome la mejor decisión para usted y su equipo.

CAPÍTULO 11

Dese a conocer

"Nadie sabe de lo que es capaz sino hasta que lo intenta."
—Publilius Syrus

Pete es un cliente que tiene un lindo restaurante, pero en una ubicación muy aislada. Está tan aislada que ni los vecinos cercanos sabían que existía. La reubicación no era una opción porque él era dueño del edificio. El restaurante es encantador y un excelente lugar para eventos especiales. Tan pronto como yo lo ví supe que podría convertirse en un destino para los clientes, él solo necesitaba identificar una forma de darse a conocer. Su presupuesto también era un reto; él no podia gastar miles de dólares en una campaña publicitaria.

Yo sugerí, "Hagamos una campaña en redes sociales enfocándonos en Facebook. Podemos crear su página y establecer un presupuesto conservador de $90 al mes ($3 por día) para promocionar su negocio. Podemos contratar a un fotógrafo profesional por un par de horas para tomar las fotos del menú, del restaurante, del equipo, de usted, los clientes, montaje de eventos, etc., para construir un archivo fotográfico. Podemos poner a prueba una campaña por espacio de tres meses y luego evaluar dónde nos encontramos."

A Pete le agradó la idea, ya que tenía una cuenta de Facebook personal y había visto cuántos negocios se promocionaban allí. Él no tenía una cuenta comercial para su restaurante y no sabía cómo utilizarla para promocionar su negocio. Comenzamos su campaña y luego de apenas 30 días, él obtuvo más de 1,500 seguidores y aumentando. Pasados tres meses, sus ventas crecieron 10% sobre lo obtenido en los tres meses anteriores, y las personas lo mencionaban en Facebook ya que por ese medio lo encontraron. Facebook es parte de lo que él ahora hace cada día, para continuar promocionando su negocio y aumentar su número de clientes.

Una de las mayores ventajas de invertir en una franquicia es que tan pronto usted abre las puertas, usted ya dispondrá de clientela porque muchos conocerán su marca. Estos clientes están familiarizados con la franquicia y confían en saber qué obtendrán cuando le visiten. Ellos le pondrán a prueba la primera vez, pero el que ellos regresen dependerá completamente de la experiencia que ellos tengan en esa visita.

Cada franquicia, sin importar el tamaño y ubicación, necesitará llevar a cabo mercadeo continuo para mantener un crecimiento saludable en su localidad. Aun cuando usted abre por primera vez y la curiosidad y novelería atrae a muchos clientes, para retenerlos usted no solo necesita continuar proporcionando un producto y servicio consistente, sino que usted también tendrá que continuar recordándoles que usted está allí y darles un incentivo para que regresen. Aun las ubicaciones de McDonald's cierran cada año. Muchas veces, se debe a que el franquiciatario se puso perezoso en su administración, tenía una operación pobre o no hacía mercadeo en su localidad.

Irónicamente, muchas veces cuando las ventas comienzan a estar lentas, el mercadeo es una de las primeras cosas que se recortan del presupuesto. Ésta es una decisión equivocada porque el mercadeo es la mejor herramienta para ayudarle a recuperar sus ventas, por lo menos a corto plazo. Si en algún momento usted está tentado de recortar su mercadeo debido a una baja de ventas, ese es el momento exacto en el cual usted debe hacer más mercadeo para que sus clientes continúen llegando mientras usted averigua lo que está provocando que las ventas disminuyan.

Retorno de la inversión (ROI)

Cualquier cosa en la que usted invierta debiera tener un retorno medible que cumpla con sus objetivos. El mercadeo no es una excepción. Por ejemplo, si usted invierte $1,000 en una campaña publicitaria, usted define el retorno de esa inversión como un incremento del 2% en tráfico (órdenes), de otra manera no vale la pena su tiempo y dinero. Qué tanto debe ser el ROI dependerá de la madurez de su negocio, sus metas y lo que usted sepa que la estrategia de mercadeo pueda lograr.

Idealmente, usted probará varios métodos y espacios publicitarios, así como varios tipos de promociones y mantendrá buenos registros de la actividad, la inversión y de los resultados. La mejor manera de hacer esto es asegurándose de que cada promoción tenga un nombre o código diferente de tal manera que usted pueda identificar cómo fue capturado ese cliente/venta. Eventualmente, usted tendrá una muy buena fuente de información que le permitirá saber cuál método, lugar y tipo de oferta le darán que tipo de resultados. Esto le permitirá tomar decisiones más acertadas a largo plazo y crear un plan de mercadeo de calidad.

Sus tres objetivos principales de ROI para el mercadeo son:

1. Aumentar las transacciones (*número de clientes*)
2. Aumentar el *ticket* (*qué tanto gastan con usted*) y
3. Aumentar el reconocimiento de la marca (*darse a conocer*).

Mantenga en mente que diferentes estrategias de mercadeo le darán diferentes resultados. Podría ser que una promoción con bajo retorno sea una que usted quiera repetir porque es la única que le permite a usted tener acceso a un campus universitario. No importando que tan bajo pueda ser ese retorno, si usted necesita capturar ese mercado por la salud de su negocio a largo plazo, tendrá que invertir en él. En tal caso, usted lo hace, lo mide y se asegura de que usted está capturando y reteniendo cada uno de esos clientes nuevos que fueron tan costosos de adquirir.

Es cierto que algunas veces usted hace una inversión puramente para el reconocimiento de la marca que no necesariamente se convertirá en ventas inmediatas y eso está bien, si ese era su objetivo y usted puede medirlo. Eso por lo general lo hace su marca si usted está en los Estados Unidos. Si usted está fuera de los Estados Unidos y la marca de su franquicia no es ampliamente reconocida, mucha de su inversión inicial será este tipo de mercadeo hasta que usted alcance un nivel aceptable de reconocimiento de la marca. En este punto usted puede cambiarse a un mercadeo más tradicional y mejores metas de ROI.

Mercadeo tradicional vs redes sociales

Hoy en día podemos separar el mercadeo para negocios pequeños en dos tipos: tradicional, el cual incluye televisión, radio y medios impresos; y no tradicional como las redes sociales. Los esfuerzos e inversiones de los negocios pequeños están cambiando a este nuevo tipo de mercadeo debido a que es accessible, más eficiente y efectivo. Esto es especialmente cierto para las franquicias. Si bien es cierto que las redes sociales son muy efectivas, aún no reemplaza al mercadeo tradicional que, aun cuando éste sea anticuado funciona muy bien, especialmente cuando se hace localmente. Exploremos los dos tipos de mercadeo y lo que éstos implican.

Mercadeo tradicional

Mercadeo externo

El mercadeo externo se lleva a cabo fuera de la ubicación. El objetivo de estas actividades de mercadeo es atraer a clientes que pudieron o no haber estado antes en su local. La idea es transmitir un mensaje que contenga una oferta, un producto nuevo o una experiencia que es suficientemente atractiva para motivar a clientes potenciales a que visiten el negocio. El enfoque está en aumentar su número de *transacciones* al adquirir clientes nuevos o recordándole a los clientes habituales que lleguen más seguido.

Éstos son apenas unos ejemplos de actividades de mercadeo tradicional externo:

☐ *Impreso* – Ésta es publicidad que es transmitida en algún tipo de papel físico. Ejemplos de esto son cupones impresos en periódicos, cupones en postal insertos en periódicos o postales enviadas por correo, colgadores de puerta para volanteo, etc. El uso de este tipo de publicidad está declinando debido al alto costo y bajo rendimiento. La circulación de periódicos está disminuyendo y esos periódicos que llegan a los hogares de la gente rara vez son leídos. Los paquetes de cupones a menudo terminan en la basura antes de que tan siquiera sean vistos. El retorno promedio de una campaña impresa es de aproximadamente 1% de unidades distribuidas y disminuyendo.

☐ *Radio* – La radio puede ser una forma costo-efectiva para promocionar su negocio si usted está en un área en la que los anuncios en la radio tienen un precio razonable, si usted es un franquiciatario multi-unidad y si se asocia con todos sus franquiciatarios vecinos que cubren el área de cobertura de la radio. Si usted vive en una ciudad metropolitana grande y solo tiene un local en la ciudad, el costo de anuncios en la radio es prohibitivo. Simplemente cuesta demasiado dinero por anuncios que llegarán a personas quienes probablemente no estén dispuestas a recorrer gran distancia para ir a su negocio. Si, en cambio, su franquicia está en una ciudad pequeña dónde la estación de radio abarca a muchas personas que puedan ser sus clientes, entonces tiene sentido si el costo y retorno cumplen con sus metas ROI. La inversión en radio va más ayá de comprar un espacio para el anuncio. Adicional a eso, usted necesitará invertir en la producción del anuncio, el cual incluye, pero no está limitado al guión, música y talento de la voz superpuesta.

☐ *Televisión* – Como usted se puede imaginar, rara vez el dueño de un pequeño negocio puede pagar mercadeo por televisión por sí mismos. Esta táctica de mercadeo usualmente es reservada para cadenas grandes y la hace una marca a nivel regional o nacional.

☐ *Asociación de marcas* – El mercadeo de marcas asociadas es cuando usted se asocia con otros negocios o marcas para promocionar los productos y servicios entre sí o en conjunto. Un ejemplo de asociación de marcas es cuando una tienda de pizza que está localizada a la par de un negocio de lavandería intercambia cupones de tal manera que cada persona que recoge su ropa limpia obtiene un cupón de pizza y cada persona que compra una pizza obtiene un cupón de la lavandería. Así es como la mayoría de los negocios pueden abarcar no solo a sus clientes actuales, sino que también a los clientes de un negocio vecino pero que no es competencia. De esa manera los dos negocios se benefician.

☐ *Distribución de Cupones/Muestras* – En los viejos tiempos, Domino's era un experto en mercadeo de puerta en puerta por medio de volanteo. No sé si ellos lo inventaron, pero ellos seguro fueron los primeros en colocar un cupón en mi puerta. Hoy en día, este tipo de mercadeo está restringido porque muchos vecindarios no quieren a extraños en sus calles. Aún es posible en algunas áreas, pero está limitado. Algo que usted puede hacer es entregar de cupones en negocios. Nada le detiene a usted de entrar a negocios locales y distribuir cupones o muestras de producto. ¿Cuándo fue la última vez que alguién hizo eso con usted? Exactamente – ser diferente no es algo malo. ¡En esta era de la tecnología, un poco de contacto personal puede causar un gran impacto!

☐ *Involucramiento con la comunidad* – El mercadeo comunitario implica cualquier actividad en la que el negocio se involucre en eventos de la comunidad. Éstos son especialmente importantes cuando usted es dueño de un negocio pequeño. Mientras más pueda usted establecer una relación con sus clientes principales a nivel personal dentro y fuera de su local, habrá más probabilides de que estos clientes le apoyen a usted y su negocio. Es más factible que las personas hagan negocios con personas que conocen y que apoyan a sus comunidades. Los tipos de actividades de involucramiento con la comunidad que usted puede realizar son: patrocinar a equipos escolares locales, donar comida para eventos locales, participar con su equipo en programas de recaudación de fondos locales, donar cupones para rifas, etc. Una vez usted abra sus puertas, mucha gente llegará con usted para pedirle participe en este tipo de actividades comunitarias locales. Su respuesta debería ser "si" tan frecuentemente como pueda. Si usted desde el inicio elige proactivamente una organización a la cual apoyar, usted puede limitar lo que ofrece y no ofender a otros en las ocasiones en las que usted diga "no", explicando que su organización está comprometida a apoyar la organización/caridad XX. Ellos comprenderán que, como negocio, usted no le puede dar a todos.

☐ *Responsabilidad social* – Una buena manera de impactar en su área, es adaptando procesos sociales responsables en su negocio como el reciclaje (aceite usado, cartón, etc.) y donando comida buena (si es un restaurante), que de otra manera se tiraría a la basura, a bancos de comida locales. Usted puede compartir con sus clientes las cosas que usted hace y ellos apreciarán más tanto a usted como a su negocio por ello.

Mercadeo interno

El mercadeo interno está relacionado con las actividades que usted realiza dentro de sus instalaciones. Estas actividades están orientadas a los clientes que ya están en su tienda. Por lo general el objetivo es la venta sugestiva o introducir un nuevo producto por el que ellos regresen. El enfoque está en incrementar su *ticket* haciendo que sus clientes compren más.

Ejemplos de actividades de mercadeo interno que son comúnmente vistos en franquicias de comida:

☐ *Adhesivos para ventanas* – Estos son los materials informativos que se colocan en las ventanas viendo hacia afuera para comenzar a comunicarse con sus clientes antes de que ingresen y mientras conducen por los alrededores. Si ese medio de comunicación es suficientemente cautivador y atractivo, ellos pueden escogerlo a usted e ingresar para adquirir el producto u oferta.

☐ *Tarjetas sobre mostrador* – Si usted tiene un establecimiento de comida rápida o casual con mostrador, sus clientes estarán un corto período de tiempo frente a su mostrador, siendo ese el mejor momento para exponerlos a ellos a las tarjetas sobre el mostrador con productos nuevos o futuros productos del menú, ofertas, ventas sugestivas o combos.

☐ *Guiones en la caja registradora* – Los clientes jamás deben ver estos guiones. Estos son para que los cajeros tengan un mensaje consistente de bienvenida, para guiar al cliente durante el proceso de hacer su pedido, compartiendo cualesquiera promociones vigentes y realizando ventas sugestivas.

☐ *Anuncios en el tablero de menús* – Siempre hay uno o dos paneles del tablero de menús dedicados a compartir un mensaje promocional con el cliente. Si su cliente está frente al mostrador, ellos se enfocarán en el tablero de menús y ese es el mejor lugar para comunicar el mensaje que usted quiere que ellos vean.

☐ *Menús promocionales trifoliares o dípticos* – Estos son materiales publicitarios que usualmente se encuentran sobre las mesas en el área de comedor. Estos pueden ser menús dípticos (de dos partes) o trifoliares (de tres partes) con productos nuevos o futuros del menú, ofertas de combos, aperitivos, postres y bebidas. Si usted tiene mesas, *siempre* debe tener algún tipo de material publicitario sobre ellas para comunicarse con sus clientes y aprovechar la oportunidad de comunicación. ¡Usted tiene toda su atención y ése es un espacio valioso!

Mercadeo de ocasión

Una muy buena estrategia a utilizar como medio para promocionar su negocio es el mercadeo de ocasión. Éste le da la oportunidad a usted de promocionar su negocio sin tener que promocionar una oferta o un producto nuevo. Usted puede celebrar muchas ocasiones. A continuación, muestro algunos ejemplos:

☐ *Gran inauguración* – La mejor forma para llevar a cabo el lanzamiento de su nuevo local es teniendo un plan de mercadeo para su gran inauguración. La idea es correr la voz de su negocio a lo largo y ancho del área de donde esta el local y por todas partes, tanto como usted pueda dentro de las áreas de dónde sus clientes provienen.

☐ *Aniversario* – Usted puede celebrar cada año dos aniversarios: el aniversario de su tienda y el aniversario de cuando su marca inició. ¡Estas son excelentes oportunidades para atraer a sus clientes para celebrar!

☐ *Día del Padre/Día de la Madre/Día de San Valentín* – Estos días especiales son un ejemplo de ocasiones para las cuales usted puede promocionar su negocio como un lugar para celebración, siempre y cuando usted tenga una oferta o producto que aplique. El día del Pretzel es el 26 de abril. El día de la Pizza es el 9 de febrero. Observe el calendario y busque qué otros días especiales puede usted celebrar en su negocio y disfrute de hacer estos eventos y atraiga a nuevos clientes.

Mercadeo en redes sociales

Por naturaleza, las redes sociales son mercadeo externo, y están cautivando a todo el mundo. Ni siquiera están en el mundo físico, pero el Internet es el mercadeo del ahora y del futuro. Pronto no sabremos como obtener nuestra información si no es en línea.

Cuando nosotros necesitamos saber hacia dónde ir, vamos al Internet. Cuando buscamos comprar algo, vamos al Internet. Cuando buscamos a alguien que arregle nuestro refrigerador, vamos al Internet. Cuando buscamos un lugar para ir a comer, vamos al Internet. Una vez encontramos hacia donde queremos ir, miramos las opiniones que otras personas comparten del lugar. Si a muchas más personas les agrada que a las que no, lo más probable será que nosotros vayamos a dicho lugar.

Si usted quiere que su negocio sea exitoso, usted no puede ignorar todas estas señales. ¡Usted tiene que estar en línea! Hay tres plataformas principales de redes sociales en las que los pequeños negocios pueden enfocarse para promocionar sus negocios. Mi recomendación es que usted escoja una y lo haga muy bien. No le hará nada bien estar en las tres si usted no hace un buen trabajo en ninguna de ellas.

Para aprovechar al máximo este mercadeo laborioso y de alto impacto en redes sociales, le resultará más provechoso a usted el encontrar una agencia local que le pueda ayudar a administrar y aumentar su presencia y también manejar su reputación en las redes sociales. A menos que usted tenga un experto en su familia u organización que tenga el tiempo y experiencia, usted realmente puede hacer un gran impacto en su negocio si contrata a un experto.

Revisemos las tres mejores plataformas de mercadeo de negocios en redes sociales.

Facebook – 2.2 mil millones de usuarios (agosto 2018)

Facebook® es una página web de redes sociales gratis que permite a usuarios registrados crear sus perfiles, cargar fotos y video, enviar mensajes y mantener contacto con amigos, familia, colegas y clientes. Como negocio, usted puede pagar para promocionar sus publicaciones a sectores demográficos y ubicaciones. Usted crea una base de datos de seguidores que le colocan "me gusta" y "seguir" a su página. Los que visitan su página se pueden comunicar con usted, enviarle mensajes privados o comentar en sus publicaciones públicas. Ellos también pueden agregar una reseña de su experiencia en el negocio y recomendarlo o no. Ésto le dará a usted una buena idea de cómo le está yendo a usted. También le permite comunicarse con los clientes no satisfechos y tratar de compensarles por una mala experiencia.

En Facebook, no hay límite de número de caracteres para una publicación, sin embargo, solo las primeras líneas se muestran en la publicación final. Para ver el resto del contenido hay que hacer click y abrir la publicación. Facebook también tiene ciertas limitaciones sobre el tipo de fotos y mensajes que usted publica para promocionar. Aprenda las reglas antes de iniciar la página de su negocio.

Facebook recientemente ha lanzado video en vivo que los usuarios pueden habilitar y deshabilitar en cualquier momento para publicar videos en el momento que están sucediendo.

Instagram – 1 mil millones de usuarios (agosto 2018)

Instagram® es un programa en línea y de redes sociales gratis que permite a los usuarios tomar, editar y compartir fotos con otros usuarios de Instagram. El enfoque en Instagram son las fotos a las que los usuarios/seguidores les darán "me gusta" y luego "seguirán" su negocio si a ellos les gusta lo que ven. Las publicaciones pueden ser compartidas y pueden comentar sobre ellas. A un restaurante o franquicia con fotos lindas de comida apeticible le puede ir bien.

Instagram recientemente agregó la habilidad de publicar videos cortos.

En esta plataforma, usted puede seguir a otros tanto como las personas lo pueden seguir a usted. Estas personas que le siguen a usted tendrán acceso a todas sus publicaciones.

Facebook adquirio la plataforma de Instagran en 2012 y desde entonces han estado trabajando en integrar las dos plataformas sociales.

Twitter – 336 millones de usuarios (agosto 2018)

Twitter es un servicio de redes sociales gratis para escribir microblogs que permite a miembros registrados divulgar publicaciones cortas llamadas tweets. Con Twitter, usted está limitado a 140 caracteres, pero usted puede añadir fotos o videos, así como enlaces a fuentes externas como su página web.

Administración de reputación

Ya sea que usted esté en las redes sociales o no, sus clientes pueden publicar reseñas acerca de su negocio, su producto y su servicio en cualquier momento que ellos lo deseen. Ellos pueden crear una página de Facebook sin su consentimiento; lo pueden añadir a usted a lugares de reseñas de redes sociales como *Yelp!* o Google® y añadir cualquier comentario que ellos quieran relacionado con su negocio. Por tanto, le guste a usted o no, su negocio puede verse afectado por una presencia negativa en redes sociales. Si usted no lo está administrando y haciéndose cargo, usted no sabra porqué sus ventas están bajas.

A usted le irá mejor creando y administrando sus páginas de redes sociales y perfiles para su negocio. Esto permitirá a sus clientes encontrarlo y tener un lugar para proporcionarle retroalimentación en una forma en la que usted pueda controlar y responder a ella.

Reseñas de redes sociales – Es importante que usted esté administrando sus cuentas de redes sociales y navegue constantemente en la red, y en el buscador de google buscar su negocio para encontrar cualquier comentario que pueda haber allí afuera que sea positivo, pero especialmente aquellos que sean negativos para que usted pueda manejar la situación.

Respondiendo a la retroalimentación y reseñas – Cuando usted recibe o encuentra una retroalimentación sobre su negocio, es importante que usted reaccione de inmediato, especialmente si es negativa. Y si es MUY negativa, usted debe tener un plan sobre cómo manejar tales situaciones. Como mínimo, usted debe responder a los comentarios y hacer todo lo que usted pueda para compensar al cliente (sin importar lo que haya sucedido). Todos estarán viendo su reacción por escrito y lo que sea que usted ponga en el internet permanecerá allí para que todos lo vean, para siempre… por tanto… sea cuidadoso con lo que escribe.

Plan de mercadeo anual

Usted siempre debe tener un plan de mercadeo que incluya las actividades de su marca y las actividades de Mercadeo de su Tienda Local (LSM, por sus siglas en inglés). Usted y su equipo deben estar enterados de las promociones que esté lanzando la marca, y qué, dónde y cuándo sus actividades locales están siendo planificadas. Idealmente, debería tener un plan de mercadeo anual, pero compartir solo un trimesre a la vez con el equipo porque las cosas pueden cambiar según cómo el negocio esté alcanzando sus objetivos.

El plan de mercadeo inicia cuando usted está haciendo su plan de negocios anual y éste está siendo determinado inicialmente por sus proyecciones de ventas. Usted inicia con la visión del año completo y luego continúa con la trimestral, mensual y semanal. Finalmente, usted lo documentará en forma de calendario.

A continuación, los 12 pasos para elaborar un plan de mercadeo:

1. *Defina sus objetivos* – Sus metas están usualmente en términos de aumento de transacciones (número de clientes) o *ticket* (cuánto compran ellos). Habrá años en los que usted pudiera querer enfocarse más en uno que en el otro, pero la mayoría de los años, usted tendrá un objetivo definido para cada uno. Por lo tanto, sus objetivos deben desglosarse por mes y por semana para que usted pueda dar seguimiento a su progreso.

2. *Defina su presupuesto* – Regularmente usted definirá éste como un porcentaje de las ventas. Si usted lo hace así, tendrá que hacer ajustes en la cantidad de dinero que usted está gastando si sus ventas resultan variando respecto a su plan.

3. *Agregue el mercadeo de la marca* – Su franquiciante debe proveerle a usted el calendario anual. A veces, usted solo lo obtiene en términos de trimestres. Esto le permitirá saber qué semanas tendrá usted el poder de la marca promocionando su negocio y cuáles semanas no lo están, de tal manera que usted pueda enfocar sus esfuerzos primero en esas semanas.

4. *Identifique las oportunidades de ocasión* – Ésto le ayudará a divertirse y crear mensajes para comunicarse con sus

clientes. ¡No olvide el aniversario de su tienda o de su marca!

5. *Defina sus ofertas* – En algunos casos sus ofertas serán descuentos y en otros, serán combos especiales.

6. *Agregue sus ofertas* – El colocar cada oferta en el calendario le ayudará a visualizar cuándo tendrá usted que llevar a cabo dichas actividades. Yo recomiendo de manera enfática que usted nunca tenga más de una oferta a la vez.

7. *Escoja los medios de comunicación* – Éstos son los canales que usted utilizará para realizar su mercadeo. Usted debería usar canales de comunicación externos, internos, tradicionales y de redes sociales para divulgar su mensaje.

8. *Establezca el presupuesto por canal de comunicación* – Esto le dará a usted mayor claridad acerca de cuanto gastar en cada canal.

9. *Defina actividades comunitarias* – Eche un vistazo a su calendario local y eventos pasados en los que usted haya participado. Éste es el mejor momento para contactar a esas personas en cuyos eventos usted definitivamente quiere estar involucrado nuevamente este año.

10. *Determine qué actividad se hará cada semana* – Ésto le permitirá planificar con antelación lo que usted necesitará hacer para cada actividad de mercadeo local de su tienda que lleve a cabo.

11. Ejecute el plan – Al final del día, ésto es lo que cuenta. Recuerde que usted no tiene que hacerlo solo. Reclute ayuda de entre sus gerentes y equipo. No olvide buscar la ayuda de otras personas de su propio equipo que sean creativos y les apasione el mercadeo.

12. Dé seguimiento y mida los resultados – Es importante que usted no pase por alto este paso, porque esto le permitirá aprender de lo que funcionó y de lo que no, de tal manera que a medida que avance el año, usted pueda hacer correcciones y adaptarse. Esto también le permitirá construir un historial de ofertas al cual referirse y llevar a cabo un mejor plan para el siguiente año.

Si usted hace esto cada año, la calidad de su plan de mercadeo y los resultados que obtenga de ellos mejorarán. Usted aprenderá qué canal funciona mejor para usted y que tipo de oferta da cuál resultado. Esto lo colocará a usted en una mejor posición de control y confianza en su negocio y retorno de inversión porque ya no estará esperando que las cosas funcionen, usted sabrá que lo harán. Solo le tomará un poco de tiempo llegar a este punto.

APROVECHE A SU FRANQUICIANTE

Si usted está pagando a su franciante una cuota de mercadeo, entonces usted estará recibiendo apoyo para el mercadeo de parte de su marca. Ellos realizarán toda la investigación, planificación, desarrollo de producto, pruebas, contratación de medios de comunicación y ejecución. Usted recibirá un retorno de esa inversión si apoya esas ofertas utilizando todas las herramientas y recursos que ellos proveen. En los EE.UU., estas son las únicas ofertas para las cuales usted debe honrar el precio de venta al público. A usted le conviene hacer esto porque muchos clientes le visitarán como resultado de esas ofertas. Si usted los impresiona con su ejecución, calidad y consistencia en el producto y servicio, ellos continuarán regresando.

- *Promociones a nivel nacional* – Si su marca es una marca nacional, usted probablemente estará pagando por el fondo nacional y a cambio, la marca planifica y ejecuta promociones a nivel nacional y le proporciona a usted los materiales de apoyo a utilizar para promoverlos en su ubicación. El número y duración de las promociones a nivel nacional dependerá del número de unidades que la marca tenga y la tasa de mercadeo que usted pague, ya que esos definen el tamaño del presupuesto y lo que ellos puedan hacer con el dinero.

- *Promociones de área de mercadeo designada (DMA, por sus siglas en inglés)* – Este es el mercadeo regional de la marca dictado por la cobertura del cable de televisión. Algunas veces una porción determinada del fondo de mercadeo nacional está dirigida a un fondo DMA, dónde los DMAs individuales puedan votar por la promoción que ellos quieran tener en sus áreas locales.

- *Herramientas y recursos* – Como parte de los beneficios de tener un fondo de mercadeo, la marca elabora y pone a disposición una compilación de herramientas y recursos que los franquiciatarios puedan utilizar para los planes de mercadeo local de sus unidades. Éstos pueden incluir producto fotográfico, programas escolares, catering, etc.

- Contacte al consultor de su franquicia y averigüe de lo que usted puede disponer para sus promociones locales. También asegúrese de estar siempre al día con los esfuerzos de mercadeo de su marca para que usted obtenga el mayor ROI por su contribución al mercadeo.

CAPÍTULO 12

Mantenga el rumbo

"La acción es la clave fundamental del éxito."
–PABLO PICASSO

David y yo pasamos tres días trabajando juntos para hacer una evaluación de las necesidades de su negocio de franquicia. Él recientemente creció de un negocio de dos unidades a uno de tres unidades, y necesitaba adaptarse para asumir más el rol de supervisor de área que el de gerente. Él relativamente era un franquiciatario nuevo y había aprendido de la manera difícil que el invertir en una franquicia no le proveería todo lo que él necesitaba para administrar apropiadamente su negocio de servicio de comida. Durante dos años, él estuvo trabajando diligentemente en elaborar sus sistemas de negocio y él aún tenia mucho más trabajo que realizar. Debido a que su experiencia no era en la industria de comida, había muchas cosas que él no sabía que no sabía, y en su desesperación él me contactó. Al final de los tres días, él tenía un plan específico con metas, prioridades y actividades por implementar en el negocio para encaminarlo en buena dirección.

Unas pocas semanas después de mi visita, recibí una llamada de David: "¡Hola, Aicha! ¿Está ocupada? Necesito su ayuda. He estado trabajando en el plan, pero hay muchas cosas que están surgiendo con las que me gustaría su ayuda."

Desde que terminamos su plan hasta el momento en que recibí su llamada, él perdió un par de gerentes, sus ventas han ido cuesta abajo y él estaba teniendo problemas en la relación con sus empleados. David necesitaba ayuda para poder resolver los problemas en cuestión y luego poder continuar trabajando en la implementación de su plan de sistemas administrativos del negocio. Establecimos un acuerdo de asesoría contínua para ayudarle con la ejecución de su plan hasta el final, así como también ayudarle con cualquier otra cosa que surgiera sobre la marcha.

Después de unos meses David logró superar los retos, su nivel de confianza en la administración y liderazgo de su organización crecio de una manera admirable. Aún tenía trabajo por hacer en unos sistemas administrativos, pero la mayor cantidad de ellos ya estaban implementados y el equipo sabía cual era su trabajo y los procesos de casi todas las actividades del negocio. Este nivel de consistencia y claridad cambió no solo la moral del equipo, sino que también la calidad de vida de David. Debido a estos cambios, David tiene planes de abrir 3 locales más en los siguientes 12 meses.

Cuando usted ha estado operando un negocio por algún tiempo y el equipo está acostumbrado a una manera de hacer las cosas, es difícil iniciar cambios. Si el equipo no está preparado y abierto para apoyar los cambios, usted puede terminar atravesando por complicaciones significativas que lo pueden descarrilar de su plan de hacer cambios. Esté consciente de que esto puede ocurrir, y esté preparado para enfrentarlo y seguir trabajando en la ejecución de su plan. ¡A fin de cuentas, la recompensa por su arduo trabajo y compromiso pagará en GRANDE!

El mundo real

En los 11 capítulos anteriores, usted aprendió los pasos para establecer los sistemas administrativos de negocio requeridos para aprovechar el potencial de su franquicia. Fue mucha información muy importante. El doceavo y último paso es el más importante: IMPLEMENTACIÓN. No importa qué tanto usted sabe, si esa información no es implementada, *no habrá cambio*.

La realidad es que vivimos en tiempos muy ocupados. Ésto es especialmente cierto para los dueños de un pequeño negocio como usted que deben ponerse muchos sombreros de responsabilidad todo el día, cada día. Puede ser difícil tan solo encontrar el tiempo para leer este libro, y mas aún, para hacer un plan. Si usted no lo hace, y sabe que tiene deficiencias en los sistemas de su negocio, usted *debe* hacer tiempo para elaborar ese plan e implementar los sistemas administrativos para que su negocio pueda florecer.

Estos cambios llevarán tiempo y dependiendo de la cantidad de cambios que usted necesite hacer, puede ser un trabajo duro, especialmente si lo hace solo y sin guía. Otras áreas del negocio pueden verse impactadas por los cambios o por la falta de cambio.

Priorizar

Nosotros no podemos hacer todo al mismo tiempo, especialmente cuando hay mucho que hacer. Algunos de los sistemas llevarán tiempo desarrollarlos y que funcionen como debe ser. Aún entonces, dichos sistemas continuarán evolucionando. Su meta inicial es asegurarse de que se implemente el proceso. No tiene que ser perfecto para ser efectivo. Una vez usted tiene algo establecido, puede trabajar en hacerlo mejor.

Usted necesitará evaluar sus sistemas de negocio. Una vez usted tenga una idea clara de lo que tiene y lo que le falta, podrá definir sus prioridades con base en lo que haga el mayor impacto inmediato en su negocio. Allí es dónde usted comienza.

Asegúrese de visitar la página de "Gracias" al final de este libro, dónde usted encontrará un enlace para una *Evaluación* detallada de *Sistemas* de *Negocio* de Franquicia o Restaurante. Esta evaluación le dará idea clara de los elementos que usted necesita implementar y le ayudará a priorizar las que usted quiere atacar primero.

Hay un dicho: "Si no planeas, planeas fracasar." Una vez usted decide qué elementos comenzar a implementar, deberá crear un plan de implementación con:

- [ ] Metas inteligentes (SMART, for sus siglas en inglés), de tal manera que usted esté claro en su objetivo final,
- [ ] Los pasos detallados que se deben dar para lograrlo y
- [ ] Las personas que asumirán la responsabilidad de cada uno de esos pasos.

Ésta es la única manera de asegurarse de que el plan sea ejecutado de una manera eficiente y con éxito.

Objetivos SMART

Para tener un plan inteligente, usted necesita tener metas SMART. Aun cuando usted pudiera haber visto esto en el pasado es importante revisarlo porque, aunque pudiéramos saber lo que necesitamos hacer, puede que no siempre sea tan sencillo realizarlo. El acrónimo SMART se refiere a metas que son:

*ES*pecíficas – Para poder lograr el objetivo, usted necesita ser muy específico sobre cuál es el objetivo. Por ejemplo, un objetivo no puede ser tan solo "reducir el costo laboral." Usted necesita un objetivo que sea de un área específica del costo laboral. Por ejemplo, usted puede enfocarse en eliminar el tiempo extra o reducir el total de horas laborales. Mientras más específico sea usted, mejor podrá determinar lo que tiene que hacer para lograr esa meta.

*M*edibles – El objetivo necesita ser medible para que usted pueda ver el progreso que se está teniendo en camino a lograr el objetivo. Por ejemplo: reducir 15 horas laborales por semana o ir de un promedio de 315 a un promedio de 300 horas por semana.

*A*lcanzables – Para cualquier objetivo que usted se proponga lograr, asegúrese de que éste en efecto pueda realizarse, aun cuando éste requiera de esfuerzo. Por ejemplo, reducir 15 horas laborales por semana es una reducción del 5%. Esto requiere esfuerzo, pero es alcanzable. Reducir 50 horas sería imposible.

*R*elacionadas – Asegúrese de que con el plan que usted está elaborando logrará alcanzar el objetivo que desea. Usted solo podrá saber esto si cuenta con la información precisa. Antes de que usted invierta mucho tiempo, esfuerzo y dinero tratando de cambiar una tendencia negativa de ventas mediante el entrenamiento de cada cajero para que vendan de manera sugestiva, asegúrese de que la razón por la cual sus ventas estén bajas no es debido a que ellos le estén robando u otra razón que no tiene que ver nada con venta sugestiva. La venta sugestiva no resolverá ese problema.

Tiempo limitado – Cada objetivo necesita tener una fecha en la que se prevea sea alcanzado, y que si todas las acciones son ejecutadas según fueron definidas en el plan, el objetivo podrá ser logrado.

Un ejemplo de un objetivo que cumpliría los requerimientos SMART sería: "Reducir el costo laboral mediante la disminución del número de horas laborales a un promedio menor a 300 horas por semana para el 1º de septiembre."

Plan de implementación

Una vez usted ha completado su *Evaluación de los Sistemas del Negocio*, usted querrá documentar todos los elementos que necesita crear e implementar. Escriba cada uno de ellos en un formato SMART, dejándo la fecha límite en blanco por ahora, y colóquelos en orden de prioridad. No es recomendable que usted tenga más de dos o tres planes de implementación al mismo tiempo. Idealmente, cada plan será responsabilidad de uno de los gerentes.

Una vez usted ha identificado los dos o tres objetivos SMART en los que usted se enfocará, necesita crear su plan detallado para lograrlo. Éstas son algunas de las características que un plan de implementación exitoso debe tener:

☐ *Detallado* – Mientras más detallado sea el plan, mejor. Esto eliminará cualquier confusion o ambigüedad.

☐ *Orientado a actividades* – El plan debe listar las actividades exactas que necesitan llevarse a cabo. También, deben de listarse en el orden en el cual éstas necesitan realizarse. Algunas de ellas pueden ser concurrentes y eso está bien.

☐ *Responsable* – La persona que sea responsable de cada actividad debe identificarse en la lista por nombre. Esto generará responsabilidad para dicha tarea.

☐ *Fecha límite* – Cada actividad debe tener una fecha límite para la cual ésta debe ser completada. Las fechas límite de cada acción necesitan establecerse para cumplir con la fecha límite del logro del objetivo.

☐ *Seguimiento* – La magia en la ejecución siempre está en el seguimiento. Es importante darle seguimiento constante al plan y cada una de las actividades para asegurarse de que se hagan a tiempo. Si alguna actividad se atrasa se podrá dar cuenta y corregir antes de que sea muy tarde.

☐ *Celebrar* – Cuando el plan esté completado y usted haya alcanzado su meta, asegúrese de celebrar con el equipo y disfrutar haciéndolo. Requerirá un esfuerzo de equipo cambiar cualquier cosa en su negocio y usted quiere la participación y apoyo de su equipo.

Otros consejos importantes

El Servicio de comida no es para los débiles – La industria y el negocio de servicio de comida es un proyecto interminable. Siempre está sucediendo algo, y la mayor parte del tiempo, es algo diferente y difícil. ¡No hay nada de aburrido en ese negocio! Solo

206 | LA FRANQUICIA EXITOSA

esté preparado para el largo recorrido esté consciente de que abrán altibajos. Usted los superará si pone atención a los detalles.

Trabaje de manera inteligente, no más duro – Estableciendo los sistemas mencionados en este libro para que se conviertan en su cultura diaria, hará que las cosas sean más fáciles para usted. ¡Una vez estén implementados, los sistemas seguirán en automático y su vida será mucho mejor! ¡Al principio requerirá de mucho trabajo y será duro, pero una vez usted lo ha logrado, la recompensa hará que valga la pena!

El éxito está en el seguimiento – Solo tenga en cuenta que usted no puede solo implementar los sistemas y olvidarse de ellos. La forma en la que ellos se convertirán en parte de su cultura es a través del seguimiento. Como líder, su seguimiento será crítico en la implementación de los sistemas que harán su vida más fácil.

Consiga ayuda – Usted tendrá gerentes en su negocio que pueden llevar mucha de la carga si usted ha seleccionado a los correctos. Usted también tendrá muy buenos empleados a quienes les agrade tener pequeños proyectos que usted pueda delegarles. Esto les permitirá a ellos estár más involucrados y sentir que son tomados en cuenta. Usted también los estará preparando para mayores funciones dentro de su organización en el futuro. Capacite, empodere y delegue.

Delegar – Dicen que delegar es un arte. Yo le puedo decir que también es muy difícil. Es muy difícil dejar ir algo de su interés y dárselo a alguien mas para hacerlo, especialmente cuando usted sabe que puede hacerlo mejor. La realidad es que probablemente es cierto que usted pueda hacerlo mejor, pero si lo hace todo, solo dará lugar a desgaste, estrés y depresión para usted – o talvez simplemente no se llevará a cabo. Es mejor que algunas cosas se hagan bien y que usted y su familia estén felices, que hacerlo todo usted mismo para intentar hacerlo perfecto y pagar el precio por ello.

Cuídese a sí mismo – Nuestro negocio es muy absorbente y si no estamos poniendo atención podemos entregarnos de lleno y dejar todo y a todos atrás – especialmente a las personas que son lo más importante para nosotros, pero que no están involucradas en el negocio. De vez en cuando usted necesita detenerse y tomarse un momento para prestar atención y asegurarse de hacer tiempo para usted y las personas que ama. Si usted no está saludable y bien en términos generales, a su negocio no le irá tan bien como podría. De la misma manera como la experiencia de sus clientes nunca superará a la experiencia de sus empleados, la experiencia de sus empleados nunca superará a su experiencia personal. Asegúrese de cuidarse a sí mismo para que usted pueda cuidar a su gente y ellos puedan cuidar de sus clientes. Todos estamos vinculados, empezando por usted, el líder.

¡Diviértase! – Usted está ocupando más horas en su negocio que en cualquier otra parte… o debería. A fin de cuenta es su trabajo. ¡Debe hacerlo divertido! Es SU negocio. Usted puede hacer de él lo que usted quiera que éste sea. Hay una razón por la que usted entró en este negocio. ¡Usted ama el negocio! ¡Usted ama a los clientes! ¡Usted ama a su gente! No olvide la razón por la cual usted entró en este negocio y diviértase con él.

Tome tiempo libre – Encuentre algo fuera de su negocio que llene su alma. Puede ser un pasatiempo, viajar o entrenar a un equipo de pequeñas ligas con sus hijos. Tome vacaciones. El alejarse de su negocio por alrededor de una semana puede ser bueno para éste, si usted tiene a las personas correctas para que estén al frente en su ausencia. Deles una oportunidad y dese a usted un descanso. A fin de cuentas, nosotros realmente NO somos nuestro trabajo.

El alimentar todo su lado humano es importante, y le ayudará a mantenerse positivo e inspirado.

Incremente sus ahorros – Cada vez que tenga una oportunidad, aparte dinero y no lo toque. El ver sus ahorros crecer le dará tranquilidad y reducirá su estrés. También le permitirá a usted ver los frutos de su esfuerzo y recordarle, cuando sea necesario, la razón por la cual usted está haciendo esto.

APROVECHE A SU FRANQUICIANTE

Usted no está solo - Habrá momentos en los que usted se sienta que está solo, pero la realidad es que hay una red completa de franquiciatarios atravesando por las mismas cosas que usted. A algunos de ellos les va mejor y a otros peor. Acérquese a los que les está yendo mejor y aprenda de ellos. Contacte a los que les va peor y ayúdelos.

A continuación, encuentre algunas formas de como usted puede establecer contactos dentro de su marca. Yo le recomiendo encarecidamente volverse activo en dichas comunidades y participar en el intercambio que ocurre en ellas. Usted se percatará de que no está solo, que usted tomó la decisión correcta de invertir en su franquicia y que habrá una recompensa por haberlo hecho.

Conferencias anuales - Éstas usualmente se llevan a cabo una vez al año. No solo son una muy buena manera de conocer el plan estratégico de la marca para el siguiente año, sino que ellos también tienen varias sesiones de talleres de aprendizaje dónde usted puede aprender como mejorar su negocio. Las personas que asisten provienen de todos los Estados Unidos y de alrededor del mundo, si su marca es internacional. Ésta es una gran oportunidad para tomarse un descanso de su día a día, disfrutar de un destino diferente, talvez hasta tomarse unas vacaciones antes o después y aprender mucho de las mejores prácticas de una amplia gama de personas diversas.

Organizaciones de franquiciatarios - Algunas marcas tienen organizaciones de franquicia dentro de la marca en las cuales solo los franquiciatarios son miembros. Usualmente hay que pagar una membresía anual para cubrir los gastos de la asociación. Muchos franquiciatarios no se hacen socios por ahorrarse esa pequeña cuota, sin embargo, lo que ellos no saben es que con dicha cuota viene una amplia variedad de beneficios. Estos beneficios varían de asociación en asociación. Por tanto, antes de que usted diga "no", investigue cuales son esos beneficios y tome una decisión bien fundamentada sobre su membresía de la organización.

Reuniones de DMA regionales - Si usted tiene un fondo de mercadeo DMA, éstas son las reuniones que deben llevarse acabo cada trimestre aproximadamente. En dichas reuniones los franquiciatarios deciden y votan por lo que se pondrá en promoción en su mercado. Asegúrese de que su voz sea escuchada y tome ventaja de la ocasión para establecer una relación con otros colegas franquiciatarios. Las personas que asisten a estas reuniones son de su área más cercana.

Los colegas franquiciatarios - Usted no tiene que ir a la reunión, conferencias, ni aun unirse a una asociación para contactar a sus colegas franquiciatarios. Si usted está teniendo problemas específicos, contacte a su consultor de franquicia y solicíte que lo refiera con franquiciatarios cercanos que sean muy buenos para solucionar dichos problemas. Diríjase a ellos y visítelos para aprender sobre lo que ellos están haciendo bien. A la mayoría de los franquiciatarios les complace ayudar a un colega franquiciatario, especialmente si usted está en la misma marca.

CONCLUSIÓN

Cada trayectoria de un franquiciatario es diferente. Todos traen algo diferente a la mesa. Algunos tienen más experiencia que otros. La única cosa que tienen en común es una pasión por su negocio y el deseo de invertir y administrar una franquicia de manera exitosa. En resumen, lo que determinará su éxito será su disposición de aprender, de enfrentar la realidad de su negocio, de maximizar sus oportunidades y de trabajar para lograr sus metas con compromiso, determinación y consistencia.

En este libro, exploramos lo que usted debe esperar de su franquiciante y cuál es su función y responsabilidad como franquiciatario y dueño del negocio. El embarcarse en esta aventura es un gran trabajo, debido a que no solo usted será responsable de su éxito y del sustento de su familia, sino que también por la de todos y cada uno de los miembros de su equipo. Usted comprende cómo el tener a las personas *correctas* hará toda la diferencia del mundo para su negocio y su calidad de vida. Usted necesitará trabajar cada día para cuidar de ellos de tal manera que ellos permanezcan y formen parte de la familia de su negocio. Una de las cosas más importantes que usted necesitará hacer para lograr eso, es proveerles a ellos con las herramientas apropiadas para que puedan hacer su trabajo con facilidad.

En este negocio, nosotros vivimos y morimos por los números. Si usted los entiende, los mide y pone en marcha sistemas y procesos para moverlos, usted ganará. Pero nada será más importante que el mantener a su gente a salvo y asegurándose de que el dinero que entre llegue al banco.

Aunque una de las razones por las cuales usted esté comprando una franquicia sea que la misma es una marca bien conocida – y esto signifique que el reconocimiento de la marca no será algo que usted tendrá que afrontar – esto no significa que usted no tenga que esforzarse en promocionar su negocio y correr la voz de cuan maravilloso éste es. Al contrario, el nivel de crecimiento saludable que usted alcance año con año dependerá del empeño que usted ponga en esta actividad.

Conclusión: éste es su negocio y un plan de negocios meticuloso que incluya metas de mejoramiento contínuo de procesos permitirá que éste opere como una máquina bien aceitada que producirá más éxito que fracaso y más dicha que estrés. Lo que sea que usted haga por él, usted obtendrá de él.

Mi deseo para con usted es que tome la información contenida en este libro e identifique claramente sus áreas de oportunidad, se ponga a trabajar en implementar los sistemas de negocio que le hagan falta y que comience rápidamente a ver los resultados que usted quiere y merece. Después de todo, ninguna de las palabras en este libro tiene algún valor si la información no es implementada.

Su primer paso deberá ser hacer una evaluación honesta de su franquicia utilizando la *Evaluación de Sistemas de* Negocio (ver la página de Agradecimiento al final del libro). Por medio de un proceso de priorización, usted puede estar en control escogiendo los temas con los cuales comenzar a trabajar y a transformar su negocio en lo que usted siempre ha esperado.

En ocasiones, esta jornada puede resultar ser dura y estresante. Mi sugerencia es que usted evite hacer demasiadas cosas a la vez, especialmente si usted lo está haciendo por su cuenta. Inicie con un elemento y conforme avance y lo implemente, entonces y solo entonces, comience con otro. La transformación de su negocio llevará tiempo, pero si usted lo toma sin prisa y sin pausa, lo logrará.

A lo largo de mi carrera, yo he sido testigo de muchas transformaciones en los negocios de mis clientes y me da mucha satisfacción saber que yo tuve al menos algo que ver con ese crecimiento. Mi compromiso siempre ha sido cuidar de sus negocios y sus equipos como si fueran míos, y como resultado de ello, he logrado su confianza para que me permitan guiarlos en la dirección en la que yo sé que el negocio mejora. Yo sé que la información en este libro ayudará, y ha ayudado a muchos de mis clientes. Espero que haga lo mismo para usted y su negocio.

Si este libro y su contenido de alguna manera hacen alguna diferencia en su negocio, me encantaría escuchar de usted y conocer su historia.

¡Buena Suerte!

AGRADECIMIENTOS

Mi intención no fue de ser un experto en el negocio de franquicias. De hecho, mi primera licenciatura fue en mercadotecnia y diseño de moda. Cuando eso no funcionó, tomé mi Plan B temporal: repartir pizzas a domicilio. No me imaginaba que eso me llevaría a iniciar un romance con una industria sorprendente que me ha enseñado todo lo que sé sobre negocios, ser un líder y la administración de una franquicia. Hubo tantas personas a lo largo de mi camino que fueron de gran impacto en mi carrera, incluyendo algunos que fueron muy especiales.

Les debo un profundo agradecimiento a…

Curtis Morgan, por darme mi primer trabajo en la industria que amo. Donde quiera que esté, espero que la vida le haya tratado bien.

CW Wilder, quien me enseño como leer un Estado de Pérdidas y Ganancias y a calcular el punto de equilibrio en mi primera tienda como gerente. ¡Esa fue la respuesta a tantas preguntas que yo tenía, y quedé enganchada!

Keith Carleton, por enseñarme que los estándares de todos siempre estarán bajo los nuestros. Me enseñó a intentar alcanzar la luna y luego observar a mi gente llegar a las estrellas. Aún estoy intentándolo, Keith.

Francisca Fernández, por tener confianza en mí y darme una mano cuando más lo necesité. ¡Nunca le podré agradecer lo suficiente!

Chris & Terry Tsavoussis, por confiar lo suficiente en mí para darme las riendas de la organización de su franquicia y permitirme liderarla a mi manera. ¡Me satisface mucho el que les haya beneficiado tanto!

Jim Stansik, mi héroe del castillo, quien me ofreció la oportunidad mas importante de mi vida sin tan siquiera conocerme. Esto me demostró que la reputación le antecede a uno. ¡Siempre haré mi mejor esfuerzo!

Pat Knotts, quien me enseño que la Ejecución Perfecta es una meta a la que vale la pena aspirar, y que de vez en cuando, como por milagro todo se alínea, puede ser posible. ¡Y cuando sucede, es increíble!

Patrick Doyle, por darme la oportunidad de liderar mi primera región y aplicar todo lo que había aprendido durante mi carrera. ¡Fue una experiencia excelente!

Curtis Moore, por ser mi mano derecha, mi compinche, mi confidente y mi guía. ¡Logramos grandes cosas juntos! ¡Extraño trabajar contigo!

Sondra Bertrand, por enseñarme de manera generosa todo lo que sabía, haciéndome sentir parte de algo grande desde el primer día y permitirme volar tan lejos como yo quise. ¡Siento un gran respeto por usted!

Andy Skehan, por recordarme que el ser humilde, consistente e inclusivo aún son características valiosas en el mundo corporativo. Hubiera deseado quedarme más tiempo con usted. ¡Yo tenia mucho más que aprender!

Patti Surowiec, quien en ocasiones creía más en este proyecto que yo y quien me animó a seguir Adelante. ¡Mira, lo logré!

Todo lo que sé y toda la experiencia que he adquirido no hubiera sido posible si no hubiera sido por los *franquiciatarios y dueños de restaurante* que me confiaron sus negocios a lo largo de muchos años. Fueron muy buenos oyentes y compañeros, y estaban dispuestos a probar todas las cosas alocadas que yo sugería. Ustedes son demasiados para mencionarlos. Sin importar de dónde eran: Utah, Mississippi, Panamá o Singapore, su corazón estaba siempre abierto, dispuesto y listo para aprender. Ustedes han hecho mi carrera muy especial. Las personas hablan de la suerte de tener un trabajo que uno ama. Por ustedes, yo he amado el mío cada día. ¡Yo no cambiaría nada! Por ustedes, yo escuché, ví, pregunté, apliqué y aprendí. ¡Por ustedes, yo ahora puedo tomar todas esas experiencias y compartir algunas de ellas en este libro con muchos más!

A mi asombrosa coach, *Angela Lauria*, sin quien yo aún estaría luchando con la idea de escribir este libro, tratando de decidir cómo darle sentido y preguntándome cómo hacerlo "perfecto". Queriendo hacer una diferencia en el mundo es a veces algo paralizante. Gracias por mostrarme el camino y darme la oportunidad de ver mi sueño hacerse realidad. Yo sé que sin tí, este libro no sería una realidad. Ahora es mi turno de salir allá afuera y ayudar a otros.

A *Mónica Bascaró*, mi linda hermana que con su gran habilidad de traducción hizo posible este libro en mi idioma materno. Me encanto pasar todas esas horas contigo. ¡Te quiero mucho! ¡Gracias por tu paciencia!

A *Rosa Teleguario,* quien en los últimos 20 años de mi vida ha sido una hija, hermana, madre y casi mi esposa. Sin tí, mi vida y la vida de nuestra familia tal como es no hubiera sido posible. Te quiero, respeto, admiro y agradezco a Dios cada día por tenerte en mi vida.

Y, por último, pero nunca menos importante… a mi mamá y mayor heroína, *Aura Zoemia Prado Barascout*. Mientras usted estaba rescatando niños de las áreas de conflicto, conviertiéndose en la cuarta Arquitecta de Guatemala, fundando una entidad sin fines de lucro, construyendo estufas en cientos de chozas indígenas, reconstruyendo el país después de un terrible terremoto y tanto más de lo que yo no tengo conocimiento, usted logró convertirme en la mujer que soy ahora. Usted me dio la confianza de verme tan bonita, inteligente y capaz de cualquier cosa. Usted me inspiró para alcanzar las estrellas y nunca darme por vencida. Usted me enseño a creer que cualquier cosa es posible. ¡Yo tengo una vida asombrosa por USTED! Yo sé que nunca podré ser capaz de hacer la diferencia en el mundo como usted lo hizo, pero prometo que continuaré intentándolo cada día.

Sobre el Autor

Aicha Bascaro, fundadora y presidenta de *American Franchise Academy* de los Estados Unidos, es una veterana de más de 30 años en la industria de franquicias que inició como repartidora de entrega a domicilio y a lo largo de los años fue promovida a supervisora de área, asesora de franquicia, directora y vicepresidenta de marca. Ella administró una organización para un franquiciatario y hasta creó su propia marca prototipo. Ella ha trabajado en marcas como Domino's, Popeye's Louisiana Kitchen y Olive Garden.

Aicha ha estado brindando asistencia a franquiciatarios y dueños de restaurante para mejorar sus operaciones, reducción de costos y aumento de sus ganancias durante toda su carrera. En los últimos años, se ha enfocado en el desarrollo y crecimiento de su Academia y asesoría de franquiciatarios y franquiciantes. Sus clientes son de los Estados Unidos y de alrededor del mundo.

Aicha también es conferencista y autora. Aicha es originaria de Guatemala y habla tres idiomas. Ella vive en Atlanta, Georgia con su esposo, Glenn y sus hijos Zoe, Ali y Avery.

Website: www.AmericanFranchiseAcademy.com
Facebook: www.facebook.com/AmericanFranchiseAcademy
LinkedIn: www.linkedin.com/in/aichabascaro
Email: aichab@afamail.com

¡GRACIAS!

Gracias por leer "La franquicia exitosa". Muchos lectores descubren que después de asimilar toda la información que se encuentra en este libro, es difícil saber por dónde comenzar. Yo considero que la forma más poderosa de iniciar es teniendo una clara idea de dónde se encuentra el negocio en este momento en todas las áreas y luego determinar qué sistemas administrativos tendrían el mayor retorno de inversión de tiempo, recursos y dinero. Una vez usted define eso, usted tiene su punto de partida.

Para ayudarle a tener esa idea clara y poder decidir por donde empezar aquí le ofrezco como regalo de agradecimiento mi *Evaluación de Sistemas Administrativos de Negocio*. Esta evaluación le ayudará a hacer un inventario detallado de todos los sistemas de negocio que usted necesita implementar para administrar su franquicia con facilidad y lograr la utilidad del negocio a la cual aspira. Esta evaluación es una parte esencial del proceso que yo empleo con cada uno de mis clientes nuevos para identificar en donde se encuentran y ayudarlos a llegar a dónde ellos quieran estar.

Usted puede adquirir la evaluación aquí: **www.EvaluacionSN. com**

www.ingramcontent.com/pod-product-compliance
Lightning Source LLC
Chambersburg PA
CBHW021922190326
41519CB00009B/879